AF204985

Steinpilz

INGE FASAN

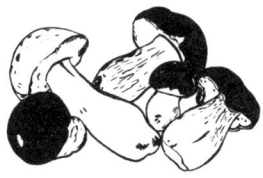

MIT ILLUSTRATIONEN VON
LINDA WOLFSGRUBER

mandelbaums *kleine gourmandisen*
N° 13

Die *kleinen gourmandisen* werden herausgegeben von
Michael Baiculescu und Margot Fischer

Viele Menschen haben in der einen oder anderen Form
zur Entstehung dieses Büchleins beigetragen, ganz besonders Michael Fasan (Pilzspezialist), Horst Stein (Pilz-
und Kochspezialist), Matthias Fohsl (Pflanzenspezialist),
Sylvia Marz-Wagner (PR-Spezialistin), Susanne Ofner
(Englischspezialistin), Michael Baiculescu (Buchspezia-
list), Erhard Waldner (Buchstabenspezialist) und Ger-
hard Lechner (Beziehungsspezialist).
Danke!

9 783854 765387

www.mandelbaum.at
www.mandelbaum.de
ISBN 978-3-85476-538-7
3. Auflage 2024
Lektorat: Erhard Waldner
Satz und Umschlaggestaltung: Michael Baiculescu
Illustrationen: Linda Wolfsgruber
Druck: Interpress, Budapest

IM WALD DEN VERSTAND VERLIEREN

Am 26. Februar 1959 gewinnt der vor allem als Komponist bekannte Fluxus-Künstler John Cage das italienische TV-Quiz *Lascia o Raddoppia* (etwa: Alles oder nichts) mithilfe seines enormen Wissens auf dem Gebiet der Mykologie. Mit dem Preisgeld von 5 Millionen Lire finanziert Cage seinem damaligen Lebenspartner, dem Choreografen Merce Cunningham, einen neuen Tourbus für dessen Dance Company. Noch im selben Jahr unterrichtet Cage an der New Yorker New School for Social Research Experimentelle Komposition und – Pilzbestimmung. Dass die beiden Disziplinen für Cage einen gemeinsamen Kern haben, liegt in seiner Art des schöpferischen Prozesses: Ihn treibt das absichtslose Streunen an, das Suchen im Umherstreifen, die Zufälligkeit des Findens. So entstehen Cages Kompositionen – und so findet man Pilze: sich durch den Wald treiben lassen, Bodenbeschaffenheiten registrieren, dem Instinkt und dem Sonnenlicht folgen, das unregelmäßige Flecken ins Grün malt.

Viele andere Musikschaffende teilen Cages Leidenschaft (Olga Neuwirth etwa oder Friedrich Cerha) und natürlich auch Literaten wie Peter Handke. Vermutlich würden auch sie auf die Frage, ob sie des Pilzsuchens denn nie überdrüssig würden, mit ähnlichen Worten antworten wie einst Cage: »*... coming upon just any mushroom in good condition, I lose my mind all over again.*«[1]

Ich selbst beschränke mich beim Suchen von Pilzen auf einige wenige Arten, essen würde ich wohl weit mehr, so sie aus einer vertrauenswürdigen Quelle stammen. Die Krönung eines jeden meiner eigenen Pilzgänge aber ist

---

1   John Cage: Diary: How to Improve the World. New York 2015.

das unverhoffte Auftauchen von *Boletus edulis*, dem Gemeinen oder Fichten-Steinpilz. Er ist es, bei dessen Anblick ich den Verstand verliere. Vielleicht ist es aber auch eine Art Liebesbeziehung zwischen mir und dem edlen Speisepilz. In diesem Fall müsste man John Cages Worte etwas anders übersetzen: Er verdreht mir einfach jedes Mal den Kopf, der Kerl mit dem braunen Hut. In diesem Sinne ist dies kein Pilzbestimmungs-, sondern ein Pilzhuldigungsbuch.[2] Und eine Ermunterung, sich mit wachen Sinnen in den Wald zu begeben.

SUCHEN – SAMMELN – JAGEN

Um eines gleich klarzustellen: Ich gehöre, was Steinpilze betrifft, zur strengen Fraktion. Ich bin nämlich der Meinung, dass man Steinpilze, eigentlich alle Pilze, die nicht gezüchtet werden können, nicht kaufen darf. Nie. Auch nicht, während sie bei uns Saison haben. Das meine ich ernst! Es heißt »Pilze suchen« oder »Pilze sammeln«, regional und umgangssprachlich auch »in die Pilze gehen« oder »Pilze klauben« (was so viel heißt wie »Pilze pflücken«). Und nie und nimmer »Pilze kaufen«.

Um in den Genuss des Steinpilzes zu kommen, muss man, wie ich finde, körperlich arbeiten. Man muss steile Hänge erklimmen (nebenbei: Pilze sucht man am besten bergauf, weil man mit seinen Sinnesorganen dann näher am Boden ist). Man muss in gebückter Haltung durch Jungwaldabschnitte kriechen, sich von biegsamen Fichtenzweigen peitschen und von Brombeerdornen zerkratzen lassen. Pilze sind Wunderdinge, Pilze sind kostbar, die Kleinodien des Waldes – und der Steinpilz ist ihr König. Die Engländer werden dem gerecht: Sie nennen ihn

---

2   Für eine exakte Bestimmung des Steinpilzes benutzen Sie bitte dafür geeignete Literatur oder ziehen Sie eine/n Pilzsachverständige/n zurate.

King bolete. Diesem König huldige ich gerne, ich falle sogar jedes Mal vor ihm auf die Knie, wenn ich einen finde. Und das mit Begeisterung.

Das Sammeln war – neben dem Jagen – einst Überlebensstrategie und ist heute zum kulturellen Phänomen hochentwickelter Gesellschaften geworden, dessen Ziel es ist, die Objekte der Begierde zu suchen (und möglichst zu finden), zusammenzutragen, zu ordnen und zu präsentieren. Wenn es um den Steinpilz geht, vereinigen sich, wie ich finde, die ursprüngliche und die entwickelte Form des Sammelbegriffes. Natürlich sind Wildpilze ein Nahrungsmittel. Wenn man genug davon findet, machen sie auch satt. Steinpilze gelten aber als selten (wer ist nicht schon vormittagelang erfolglos kreuz und quer durch Wälder gelaufen) – also sind sie kostbar. Hat man dann welche, werden sie sortiert (die madenfreien, ganz festen, jungen zum kurzen Anbraten oder gar zum Rohverzehr, die nicht ganz so perfekten Exemplare für die Sauce oder zum Trocknen), geputzt, nicht selten dokumentiert und in entsprechenden Foren oder per sozialem Medium präsentiert.

Ist der Steinpilz nun Nahrungsmittel oder Kunstobjekt? – Natürlich beides. Das Kaufen von Wildpilzen bringt uns aber um den Genuss der Beschaffung und degradiert den Pilz zum leicht erhältlichen, wenn auch teuren Alltagsartikel – und beides wäre meiner Meinung nach jammerschade. Abgesehen davon, dass alle Formen von DIY-Aktivitäten rund ums Kochen ja wieder hip sind. Selbst kaufen gehört da aber nicht dazu.

Ich bleibe dabei: Den Steinpilz muss man selbst erjagen. Jeder in seinem eigenen Revier.[3]

3 Es gibt sie aber, jene Menschen, die den Steinpilz im Wald einfach nicht sehen, nicht einmal wenn sie auf direktem We-

BOLETUS EDULIS

Die lateinische Bezeichnung des Gemeinen Steinpilzes (auch Fichten-Steinpilz oder Herrenpilz) klingt nobel, ihre Übersetzung dagegen ist prosaisch: *Boletus edulis* heißt nichts anderes als »essbarer Röhrling«, der dem lateinischen Wort vermutlich zugrundeliegende Begriff Βόλος gar nur Klumpen oder Erdklumpen, was aber mit Form und Festigkeit junger Steinpilze durchaus erklärbar wäre. Wenn man die Entwicklung des lateinischen Wortes *boletus* zu ahd. *buliz*, mhd. *bül(e)z* und letztendlich zum nhd. Wort Pilz verfolgt, dann heißt der Steinpilz schlicht und einfach »essbarer Pilz«.

Steinpilze sind Dickröhrlinge *(Boletus)* und gehören zur Familie der Dickröhrlingsverwandten *(Boletaceae)*. Diesen wenig schmeichelhaften Namen tragen sie deshalb, weil sie ihre Sporen, über die sie sich vermehren, in Röhren an der Unterseite des Hutes ausbilden, und nicht in Lamellen, Leisten, Poren oder Stacheln wie andere Pilze. Die Röhren (wir nannten sie als Kinder »Bart«) sind bei jungen Steinpilzen beige oder weißlich, bei älteren gelb bis leicht grünlich. Sie lassen sich – außer bei ganz jungen Exemplaren – leicht vom Hut lösen. Das kann von Vorteil sein, wenn man ältere Exemplare trocknen möchte, der »Bart« enthält nämlich zumeist viel Wasser und wird besser entfernt.

Boletus edulis hat einen braunen Hut mit einem schmalen weißen Rand. Der Braunton kann dunkel sein, aber auch nahezu weißlich-beige, etwa bei jungen Exemplaren oder bei solchen, die sich unter einem Blatt verstecken. Die Hutfarbe muss auch nicht gleichmäßig sein:

ge auf das schönste Exemplar zuspazieren, dieses sich ihnen (und nicht umgekehrt) quasi vor die Füße wirft. Die dürfen Pilze kaufen. In kleinen Mengen. Noch besser bekommen sie sie aber geschenkt – von jenen, die die Pilze sehen.

Oft ist eine Seite des Hutes viel heller als die andere. Der Hut fühlt sich glatt und etwas ledrig an (nie samtig oder filzig), manchmal sogar etwas klebrig. Am oberen Teil des Steinpilz-Stieles ist eine feine weiße Netzstruktur auf beigem Untergrund deutlich zu erkennen. Manchmal spinnt sich dieses Netz weiter stielabwärts, manchmal ist es schon in Stielmitte unsichtbar. Das Fleisch des Pilzes ist weiß und behält diese Farbe auch beim Anschneiden oder auf Druck. Manche nicht ganz so genießbaren Verwandten des Steinpilzes schillern hingegen in allen möglichen Farben, wenn ihr Fleisch verletzt wird.

Verwechselt werden kann der Steinpilz (vor allem der Sommer-Steinpilz) eigentlich nur mit dem Gallenröhrling, der aber ein dunkles Stielnetz besitzt und deutlich bitter schmeckt. Die Röhren des Gallenröhrlings sind leicht rosa. Er ist nicht giftig, verdirbt aber garantiert jedes Pilzgericht, und zwar schon ein einziges Exemplar. Im Zweifelsfall sollten Sie also besser gleich im Wald kosten – ein winziges Stückchen genügt – und nicht erst die fertige Pilzsauce.

Eine Verwechslung des Steinpilzes mit dickstieligen Exemplaren des Maronenröhrlings ist theoretisch möglich, aber unbedenklich, weil Maronenröhrlinge essbar sind. Außerdem verfärben sie sich bei Druck deutlich blau, das wird Sie vermutlich abschrecken.

Sowohl Gallen- als auch Maronenröhrlinge unterscheiden sich von den Steinpilzen außerdem durch eine trocken-filzige Huthaut. Werfen Sie sich vor den Pilzen, die Sie finden, also nicht nur auf die Knie, streicheln Sie sie, riechen Sie, kosten Sie (mit Vorsicht!) – all das hilft bei der Bestimmung.

Zu den nahen europäischen Verwandten von *Boletus edulis* gehören der Sommer-Steinpilz *(Boletus reticulatus)*, der Kiefern-Steinpilz oder Rothütige Steinpilz *(Boletus pinophilus)*, der Schwarze Steinpilz oder Bronzeröhrling *(Boletus aereus)* – allesamt gute Speisepilze – sowie einige Röhrlinge, die nur gekocht oder gar nicht genießbar sind. Über die Bestimmung weiterer Varietäten streiten Pilzexperten und -innen nach wie vor. Kunstwerke und deren Zuordnung brauchen eben Diskurs.

STEIN ODER SCHWEIN, DAS IST DIE FRAGE

Die erste schriftliche Erwähnung der Pilze im Allgemeinen findet man beim griechischen Dramatiker Euripides (5. Jh v. u. Z.). Theophrastos v. Eresos (4. Jh. v. u. Z.), seines Zeichens Philosoph und Naturforscher, betrachtete Pilze als Pflanzen, denen wesentliche Organe fehlen. Der griechische Arzt Nikandros von Kolophon unterschied im 2. Jh. v. u. Z. bereits zwischen essbaren und giftigen Pilzen. Und Plinius der Ältere differenzierte in seiner *Naturalis historia* aus dem 1. Jh. weiter: Hier tauchen neben *fungus* (Hutpilz), *agaricus* (Lärchenporling) und *tuber* (Trüffel) die Kategorien *suillus*, »Schweinepilz«, und *boletus* auf, der Kaiserling.

Letzterer war in der Antike der beliebteste Speisepilz, gehört zu den Blätterpilzen und wurde angeblich in dem Gericht verkocht, an dem der römische Kaiser Claudius (Tiberius Claudius Caesar Augustus Germanicus) am 13. Oktober 54 starb.

Spannend ist, dass nach Plinius eine begriffliche Veränderung stattgefunden haben muss, denn der Kaiserling (auch Kaiserpilz oder Orangegelber Wulstling) – bei Plinius noch *boletus* – heißt mit dem wissenschaftlichen Namen heute *Amanita caesarea*, wohingegen der »Schweinepilz« zum Steinpilz *(boletus)* wurde.

Helmut Genausts »Etymologisches Wörterbuch der botanischen Pflanzennamen« bezeichnet den bei Plinius erwähnten *fungus suillus* als »schlechten Pilz« oder »Saureizker«, also als minderwertig. Das Schwein steckt hier in der Sache schon drinnen. Ausgeschlossen wird die Variante, dass der Pilz seinen Namen bekommen hat, weil Schweine ihn gerne fressen. Das ist nicht so abwegig: Schweine wurden auch im Wald gehalten. Dort fraßen sie, was ihnen schmeckte. Der »Schweinepilz« war sicher dabei.

Laut Friedrich Kluges »Etymologischem Wörterbuch« geht der deutsche Name Steinpilz auf Johannes Gottsched zurück. In seiner botanischen Sammlung zur preußischen Flora aus dem Jahr 1703 verweist er auf die Form des Pilzes, die an einen runden, graubraunen Flusskiesel erinnere. Eine weitere Theorie basiert auf seinem Vorkommen unter Steineichen. Andererseits könnte auch das feste Fleisch des Pilzes zu seinem deutschen Namen geführt haben. Wer weiß.

Doch das Schwein steckt noch heute in dem Edelpilz: Im Italienischen lautet sein Name nach wie vor *porcino* (Schweinchen) und von einer negativen Konnotation kann keine Rede sein – die Italiener lieben Steinpilze. Warum im Deutschen das Schwein zum Stein geworden ist, bleibt ein Rätsel. Vielleicht hat sich da einfach nur jemand verschrieben?

Auch die Form des Steinpilzes verleitet zu fantasievollen Namen: Die Engländer nennen den Pilz *penny bun* (kleines Brötchen, *bun* ist aber auch ein Haarknoten – von der Form her sehr steinpilzgemäß), in Mexico wird er *panza* (Bauch) genannt. In Spanien heißt der Steinpilz *seta de calabaza* (Kürbispilz). Die Franzosen und Engländer nennen ihn umgangssprachlich *cèpe*, was wohl auf das Lateinische *cippus*, Pfahl, zurückgeht. Die Franzosen verwenden für kleine, ganz frische und feste Exemplare den Namen *bouchon*, was so viel wie Wein- oder

Champagnerkorken bedeutet – die Form erinnert sehr daran und die kleinen Steinpilzchen gelten als exklusive Delikatesse.

Weniger an der Form, sondern vielmehr am Geschmack orientieren sich die Finnen bei der Namensgebung: *herkkutatti* bedeutet schlicht »köstlicher Pilz«. Spezieller ist da schon die niederländische Bezeichnung *Gewoon eekhoorntjesbrood*. Übersetzt bedeutet das »Gemeines oder gewöhnliches Eichhörnchenbrot«. Die schwedischen Namen *karljohan* und *karljohanssvamp* gehen auf Karl XIV. Johann zurück, der von 1818 bis 1844 König von Schweden war. Er sah es als seine Aufgabe an, den Fichten-Steinpilz in Schweden populär zu machen und den Menschen die Angst vor Pilzen als Nahrungsmittel zu nehmen. Das scheint gelungen: Schweden gilt als wahres Steinpilz-Eldorado.

Die Bezeichnung Herrenpilz spielt auf die Wertschätzung und Exklusivität des Pilzes an. Im Gegensatz zu den übrigen Pilzen, die im Mittelalter als Arme-Leute-Essen galten, mussten Steinpilze an die weltlichen oder geistlichen Grundherren abgeliefert werden, deshalb: Herrenpilz. Aus dem Wald holten sie die Bauern und Leibeigenen. Dorthin trauten sich im Mittelalter nämlich nur die, die es wirklich notwendig hatten. Der Wald galt als gefährlich – wegen der wilden Tiere und wegen der finsteren Gesellen, die sich dort herumtrieben.

In umgangssprachlichen Bezeichnungen wie Pü(l)zling, Pülzl oder Pülstling ist die mittelhochdeutsche Bezeichnung noch vorhanden. Weitere volkstümliche

Bezeichnungen sind Bols (von *boletus*), Braunkopf, Braunkopp, Dobernigl, Doberling (tschech. *dobry* – gut), Edelpilz, Gschlachter, Küefotzn, Löcherschwamm (aufgrund der länglichen Röhren und runden

Poren), Pfunscha, Pilfling, Pilster(l), Saupilz, Steinbott, Steinbürstling, Steinkopf, Woidzerl, Woazerl (Weizling: Pilz, der zur Zeit der Weizenernte gesammelt wird). Und vermutlich gibt es noch einige mehr.

PILZREVIERE UND »SCHWAMMERLPLÄTZE«

Der Steinpilz ist ein Mykorrhiza-Pilz (griech. *mykes* = Pilz, *rhiza* = Wurzel). Was klingt, als handle es sich um eine schwere Venenerkrankung, bezeichnet in Wahrheit die Symbiose von Baum und Pilz. Zwischen den beiden findet reger Austausch statt: Die Hyphen, die feinen, schlauchartigen Zellen der Pilze, aus denen sowohl Fruchtkörper als auch Myzel (das unterirdische Wurzelsystem der Pilze) bestehen, wachsen in die Pflanzenzellenzwischenräume der Baumwurzeln ein. Die Baum- und Pilzzellen bleiben aber durch jeweils eine Pilz- und eine Pflanzenmembran getrennt. Die Membranen besitzen allerdings Kanäle, durch die Stoffe hin und her geschickt werden können. Durch das Andocken der Pilze vergrößert sich quasi die Wurzeloberfläche der Bäume, sie können besser und mehr Wasser und Nährstoffe (vor allem Phosphor und Stickstoff) aufnehmen, der Boden kann optimal genutzt werden. Die Pilze erhalten von den Bäumen im Gegenzug Kohlenhydrate, also Zucker, denn die Pilze enthalten kein Chlorophyll, das für die Pflanzen Kohlendioxid und Wasser mithilfe von Sonnenlicht in Zucker umwandelt.

Das Pilzmyzel bildet auch eine Art Filter. Es bindet Giftstoffe (z.B. Schwermetalle), die dem Baum schaden könnten. Deshalb war und ist die radioaktive Belastung der Pilze nach dem Reaktorunglück von Tschernobyl auch so hoch.

Pilze und Pflanzen tauschen aber nicht nur »Nahrung« aus, sondern auch Informationen. Peter Wohlleben, der ein wirklich lesenswertes Buch über »Das geheime Leben der

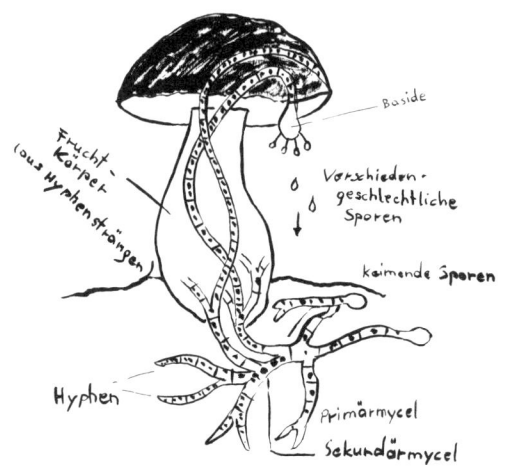

Baside

Frucht-
Körper
(aus Hyphensträngen)

Verschieden-
geschlechtliche
Sporen

keimende Sporen

Hyphen

Primärmycel

Sekundärmycel

Bäume« geschrieben hat, spricht vom »Wood-Wide-Web«: Über die unterirdische Vernetzung, die durch das Pilzmyzel zwischen Bäumen gleicher Art, sogar zwischen verschiedenartigen Bäumen gewährleistet ist, erhalten die Bäume »Nachrichten« – etwa über Dürren oder Insektenbefall. Das hilft den Bäumen, Abwehrmechanismen gegen genau diese Insekten in Gang zu setzen, noch bevor diese da sind. Diese »Zusammenarbeit« funktioniert aber auch nicht beliebig: Bestimmte Pilzarten kooperieren nur mit bestimmten Bäumen (der Birkenpilz etwa). Partner des Steinpilzes sind Fichte, Kiefer, Eiche und Buche. Diese Tatsache gibt schon einmal einen Hinweis auf mögliche Fundorte. Ich habe Steinpilze eher in alten Wäldern gefunden, die keine Monokulturen sind, am häufigsten in Fichten- und Buchen-Mischwäldern, und die Jungwaldgruppen enthalten. Suchen Sie nach den Baumpartnern – und wenn die schwer zu identifizieren sind, dann suchen Sie nach einem Pilz, der die gleichen symbiotischen Beziehungen eingeht wie Ihr Objekt der Begierde: der Fliegenpilz. Er ist leicht erkennbar und weist Ihnen unter Umständen den Weg zu Ihrem Mittagessen.

Die Zusammensetzung des Bodens gibt nicht unbedingt darüber Auskunft, ob Sie fündig werden oder nicht: Steinpilze kommen nämlich auf allen möglichen Böden vor, von lehmig bis sandig, von sauer bis kalkig. Sie wachsen in beinahe lichtlosen, dichten Jungwäldern, in denen auf dem Boden so gut wie kein Pflanzenbewuchs zu finden ist, an sonnigen Waldrändern (generell scheinen Steinpilze Vegetations-Übergangszonen zu bevorzugen), in Hohlwegen, zwischen Heidelbeerstauden, im dichten Waldgras. Schlecht ist (aus eigener Erfahrung) ein starker Bodenbewuchs aus Sauerklee, Brombeeren, Wasserdost, Brennnesseln und Springkraut. Letztere zeigen nitratreichen Boden an. Dort brauchen Bäume keine Partner, die ihnen zu Nährstoffen verhelfen, deswegen wird man Pilze dort auch nicht finden. Manche Pilz-Aficionados schwören auch auf die räumliche Nähe zwischen Steinpilzen und Ameisenhaufen. Ich kann es nicht beschwören, aber an der Sache scheint was dran zu sein.

Hans Helmut Hillrichs beschreibt in seinem schmalen Bändchen »Pilze sammeln« die Pilzsuche als Auferksamkeitsübung: »Pilze suchen ist eine Schule für die Sinne und die Instinkte. Der Wald ruft dir ›heiß‹ und ›kalt‹ zu. Er richtet tausend Augen auf dich, sendet dir Merkzeichen, Empfehlungen, Handlungsanweisungen. Er befiehlt und berät, er lockt und motiviert, er täuscht und hält hin, er souffliert und suggeriert, er verführt und verspricht.«

Was auch immer Sie veranlasst, den Weg zu verlassen und mal »nachzuschauen« –
tun Sie's einfach.

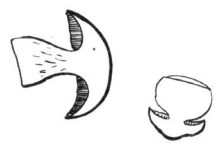

WIE DER STEINPILZ IN DIE WELT KAM UND WARUM ER DORT BLEIBT

Steinpilze können nicht gezüchtet werden, das macht sie mir sympathisch. Sie entziehen sich durch ihr ausgeklügeltes symbiotisches System der Unterwerfung durch den Menschen. Er kann sie vernichten, indem er den Wald zerstört oder rodet, er kann sich die Steinpilze aber (noch) nicht allzeit verfügbar machen. Hoffentlich bleibt das so.

Um die Entstehung der Pilze gibt es eine wunderbare Legende, die darauf beruht, dass man auch als Jünger Jesu ab und zu Hunger hat. Die Legende wird in der Steiermark erzählt, auf dem Gebiet des ehemaligen Herzogtums Ober- und Niederschlesiens (heute Tschechien und Polen) und in der Schweiz.

Jesus und Petrus, so heißt es, seien gemeinsam unterwegs gewesen. In einem Dorf habe ihnen eine Bäuerin einen Wecken frisches Brot (in einer anderen Version drei Kuchen) gegeben. Petrus biss ab, hoffte aber, Jesus würde es nicht bemerken. Nur: Der Herr sieht alles, Gottes Sohn auch – also begann Jesus Petrus ununterbrochen Fragen zu stellen und Petrus spuckte die Bissen aus, um antworten zu können. Aus den ersten dieser durchgekauten Brotbissen entstanden Steinpilze und Pfifferlinge bzw. Eierschwammerl. Die Sache mit dem Kuchen weicht nur in Nebensächlichkeiten ab: Sowohl Petrus als auch Jesus verspeisten ihren Kuchen. Petrus aber konnte nicht widerstehen, auch den dritten anzuknabbern. Jesus fragte daraufhin und Petrus spuckte die Pilze in die Welt. Petrus gilt seither, gemeinsam mit Veit und Antonius, als Pilz-Heiliger. Der Vollständigkeit halber sei aber angemerkt, dass der heilige Veit nur für Pfifferlinge zuständig ist. Er reitet auf einem blinden weißen Pferd durch den Wald und sät sie aus. Antonius' Wirkung ist da schon breiter gestreut: Er schreitet mit einem Stab, an dem ein

Glöckchen befestigt ist, durch den Wald und vertreibt die Geister, die die Pilze vor den Menschen verstecken.

Der italienische Naturforscher und Begründer des botanischen Gartens in Florenz, Pier Antonio Michelis (1679–1737), schien nicht allzu viel von den christlichen Legenden zu halten. Er war der Erste, der die Vermehrung der Pilze durch Sporen beobachtete und Züchtungsversuche durchführte, nachzulesen in seinen »Nova plantarum genera« (1729).

Die Sporen der Steinpilze sind entweder männlich oder weiblich, sie sind sehr leicht und werden durch Wind oder Tiere verbreitet. Bei der Verbreitung der Steinpilze hilft ihr ganz spezieller Duft. Das Aroma ist einfach unverkennbar. Es entsteht durch eine alkoholische Verbindung, ein Pheromon, einen Lockstoff also, der nicht nur uns begeistert, sondern auch für Fadenwürmer, Fliegen und Mücken, die die Pilzsporen verbreiten sollen, unwiderstehlich ist.

Fällt eine Spore auf geeigneten Boden, bildet sie ein sogenanntes primäres Myzel aus, dieses muss unterirdisch auf ein gegengeschlechtliches primäres Myzel der selben Pilzart stoßen. Dadurch entsteht ein sekundäres Myzel, das wachstumsfähig ist und Fruchtkörper ausbilden kann. Und die finden und essen wir dann. Ohne Sporen gibt es aber keine neuen Pilze, weshalb alte Exemplare (in unserer Familie nennen wir sie »Pilzmutter«, ihrem Zustand entsprechend manchmal auch »Pilzgroßmutter«) unter allen Umständen stehen gelassen werden sollten. Vor allem frühe »Mütter« und »Großmütter«, also solche, die man eventuell schon im Juli findet, sorgen zur »Hauptsaison« im September/Oktober für viele Pilze. Das ist, soviel ich weiß, wissenschaftlich nicht bewiesen, wird aber von meinem steinpilzliebhabenden und in Sachen Waldbewuchs generell bewanderten Bruder felsenfest behauptet. Man darf ihm glauben.

Natürlich trifft das alles nur zu, wenn das Wetter passt: Es muss warm sein, gut sind Hochsommertemperaturen für ca. zwei Wochen, und dann muss es regnen, und das auch nicht zu kalt. Pilzkenner schwören auch auf längere Regenperioden im zeitigen Frühjahr, die dann zwischen Juni (was aber sehr früh ist) und Oktober zu reichen Funden führen. Wenn alles passt, kann man auch noch im November den einen oder anderen Steinpilz finden.

Bleibt noch die Frage nach dem Wo: Der Steinpilz kommt auf der gesamten Nordhalbkugel natürlich vor, nahezu überall in den USA außer in den nordöstlichsten Bundesstaaten, im nordwestlichsten Zipfel Mexikos, in ganz Europa von Skandinavien bis Süditalien, in Afrika im nördlichen Marokko. In Asien sind die südlichsten Vorkommen im Osten des Iran und in China.

Eingeschleppt wurde *Boletus edulis* in Neuseeland (durch europäische Siedler, die Baumwurzeln im Gepäck hatten), in Simbabwe, Kenia und Südafrika.

Wenn Sie sich also in einer der genannten Gegenden befinden, und das Wetter passt, sollten Sie in den Wald gehen.

AB IN DEN WALD

Für eine erfolgreiche Pilzsuche wartet der Volks- bzw. Aberglaube mit einigen nützlichen Regeln auf. Dass das Wachstum von Pilzen mit dem Regen zusammenhängt, war bekannt, insofern scheint es logisch, dass an einem Donnerstag, der dem germanischen Donnergott Donar/ Thor gewidmet war, mit der Suche begonnen werden soll. Abgesehen davon solle man sich beim ersten Donner auf dem Boden wälzen. Zusätzlich empfiehlt sich Folgendes:

1. Niemals Frauen zur Pilzsuche mitnehmen. Die riefen nämlich, sobald sie eines Pilzes ansichtig würden: »Jessas, a Schwamm!« (Jesus, ein Pilz!) Bei dem Wort »Jessas« würden sich die Pilze verstecken. So erzählt man sich jedenfalls im steirischen Pöllau. Pilze scheinen also den Namen des Gottessohns zu scheuen wie der Teufel das Weihwasser. In diese Richtung zielt auch die nächste Regel. Sie lautet:

2. Möglichst »nicht richtig getauft« zur Pilzsuche aufbrechen. Solche Menschen, sagt man, fänden besonders viel. Wie sich Kirchenaustritte auf das »Schwammerlglück« auswirken, gehört noch untersucht.

3. Die Waldgeister positiv stimmen. Das macht man, indem man die ersten drei gefundenen Pilze in einem hohlen Baum versteckt oder den ersten hinter sich wirft. Bevor man das tut, sollte man sich mit eben jenem ersten Pilz über die Augen streichen. Das, so geht die Mär, schärfe die Sehkraft. Eine christliche Umdeutung der Sache mit den drei Pilzen im hohlen Baum gibt es ebenfalls: Um sich Glück für die gesamte Pilzsaison zu sichern, solle man sich beim ersten Donner des Jahres in einen hohlen Baum legen und drei Vaterunser beten.

4. Eine »Schwammuhr« basteln. Die Spitze eines Grashalms in etwas mehr als Daumennagellänge abreißen. Mit einem großen Speicheltropfen darunter auf den Daumennagel setzen und die Richtung beachten, in die die Grashalmspitze zeigt. Dort ist reiche Pilzernte zu erwarten.

5. Ungewaschen und schlecht angezogen in den Wald gehen. Diese Regel ist die einfachste, weil sie ohne Schwierigkeiten zu befolgen ist, vor allem wenn man sehr früh aufbricht. Angeblich funktioniert es auch, wenn man seine Schürze verkehrt herum anzieht

oder barfuß geht. Beides habe ich noch nicht versucht. Oder gehen Sie mit Schürze in den Wald?

6. Viel und gut lügen. Gesellschaftlich unangepasstes Verhalten (siehe Punkt 5) dürfte der Schlüssel zur erfolgreichen Pilzsuche sein. Diese Regel mag auch damit zusammenhängen, dass passionierte Pilzsucher ihre Sammelplätze nicht verraten oder ihre Kontrahenten in die Irre schicken.

7. Und wenn Sie Ihre Pilzplätze »fruchtbar« halten wollen, empfiehlt es sich, bereits im Frühling vor Ort zu sein und mit einer Wacholder- oder Haselrute auf den Boden einzuschlagen. Die Lebenskraft der frischen, saftigen Zweige soll so auf die Pilze übertragen werden.

Ob Sie sich diese Regeln zu Herzen nehmen oder nicht: Der passionierte Pilzjäger verändert jedenfalls sein Sensorium, sobald er geeignetes Terrain betritt. In unserer Familie nennen wir das den »Schwammerlblick«. Böse Zungen behaupten, einige von uns seien nicht mehr ansprechbar, sobald sie einen Wald betreten. Vielleicht stimmt das auch. Der Blick wird starr, scannt den Boden, prüft Lichtverhältnisse und Vegetation. Die Kommunikation wird einsilbig: »Reinschaun?« – »Ja.« – »Ich dort, du da?« – »Ja.«

Und dann sind wir weg. Erstaunlicherweise ist noch nie jemand verloren gegangen, obwohl gerade mein Orientierungssinn nicht der beste ist. Zur Standortbestimmung gibt es zwischendurch Pfeif- oder Piep-Laute, manchmal ist ein Jubelruf zu hören. Und manchmal muss der eine zur anderen hinüberlaufen, um ein besonders schönes Exemplar zu begutachten oder zu fotografieren, bevor es geerntet wird. Wir drehen die Pilze aus dem Boden und drücken die entstandene Öffnung leicht zu – wir tun das aus Gewohnheit, nicht weil es für den Pilz besser ist. Dem Myzel ist es nämlich egal, wie der Fruchtkörper geerntet wird. Das Myzel wird durch das Herausdrehen nicht kaputt, ein im Boden verbliebener Stumpf fördert nicht seine Zerstörung durch Bakterien oder Schimmel. Beides gehört in die Reihe der Pilzmythen. Und dann: Messer raus (es gibt tolle Pilzmesser mit ausklappbarer Bürste – so ein Gerät kann ich nur empfehlen), Pilz grob putzen und in den mitgebrachten Stoffbeutel verfrachten. Körbe sind zwar geeignet, mir aber ein bisschen zu sperrig, weil man damit nicht gut durch Jungwälder kriechen kann. Und wenn's dann genug ist, hören wir auf.

»Genug« ist es, wenn es keine Pilze gibt (das lässt sich manchmal schon nach 10 Minuten feststellen, allenfalls wird das Revier gewechselt), vom vielen Bergauf- und Ablaufen (unsere Pilzreviere sind meist steil) die Beine weh tun oder wenn die gesammelten Pilze die moralisch vertretbare Größe »Haushaltsmenge« erreicht haben. Nie mehr. Das ist Ehrensache.

LÄNDER, MENSCHEN & STEINPILZE

Steinpilze sind beliebt: Der weltweite Konsum wird pro Jahr auf ca. 100.000 Tonnen geschätzt (Zahlen stammen vom Ende des vorigen Jahrtausends). Diese Zahlen betreffen den Handel, nicht eingerechnet ist der Privatkonsum, der mit 20 % des Gesamtsammelvolumens angenommen wird. Der Bedarf ist also enorm. Am meisten verspeist werden die Edelpilze in Italien, gefolgt von Frankreich und den USA. Als Steinpilz-Exportländer bekannt sind vor allem die Staaten des ehemaligen Jugoslawien, die ehemaligen Ostblock- bzw. die Nachfolgestaaten der Sowjetunion. Nach wie vor leiden diese Länder unter den Folgen (und dem Ruf) der Tschernobyl-Katastrophe im Jahr 1986, trotzdem erschließt das Sammeln dort eine wichtige Zuverdienstquelle. Die Qualität der Trockenpilze (auch der Frischware) mag unterschiedlich sein, es gibt aber auch positive Beispiele von bio-zertifizierten Betrieben, einer davon in Serbien. Gesammelt werden die Steinpilze im UNESCO-Biosphären-Reservat Golija-Studenica im Südwesten von Serbien. Die Pilze werden aufgeschnitten, in der Bergluft getrocknet oder sofort tiefgefroren, um sie vor Schädlingsbefall zu schützen. Chemische Lagerschutzmittel oder gar radioaktive Bestrahlung (!) zur Verlängerung der Haltbarkeit sind tabu. Vor allem Frauen machen sich innerhalb der Pilzsaison täglich auf den Weg in die Wälder. Für eine Region, in der die Arbeitslosigkeit um die 50 % beträgt, ist das Sammeln ein Segen. Genauso wie für viele Roma, die in den rumänischen Karpaten (Apuseni-Gebirge im Westen Rumäniens) nach Steinpilzen suchen. Der Kilopreis richtet sich danach, ob die Pilze gerade gehäuft auftreten oder nicht. Gibt es eine »Steinpilzschwemme«, ist der Preis geringer.

Hauptabnehmer der rumänischen Steinpilze, die sowohl frisch als auch frisch eingefroren exportiert werden, ist Italien. 2014 importierte das steinpilzverrückte Land 2300 Tonnen Steinpilze (im Vergleich dazu Deutschland: 470 Tonnen). Italien ist weltweit der größte Importeur, obwohl es auch im Land selbst Steinpilze von hervorragender Qualität gibt: etwa in Sizilien oder im Casentino, einem Gebirgstal in der Provinz Arezzo in der Toskana. Die Gegend ist überzogen von Eichen-, Kastanien-, Fichten- und Buchenwäldern und die Steinpilze sind hier wichtiger Einnahmezweig. In Moggiona, einem Dorf im Casentino, gibt es jeden Herbst ein Steinpilz-Festival, die *Festa del Fungo Porcino.*

Eine jährliche Steinpilz-Messe gibt es in Borgo Val di Taro, einer kleinen italienischen Gemeinde in der Provinz Parma in der Emilia-Romagna. Um die Wichtigkeit dieses Einnahmezweiges zu begreifen, sei ein Beispiel angeführt: 2005 wurden zwischen Juli und September Steinpilze für 4 Millionen Euro umgesetzt. Sie tragen die geschützte Herkunftsbezeichnung *Fungo di Borgotaro*.

Auch Südtirol ist Steinpilz-Sammelgebiet: Ich erinnere mich gut an die Erzählungen einer Südtiroler Freundin, deren Mutter Zimmer an Sommergäste vermietete. Süditalienische Familien verbrachten dort ihren Sommerurlaub, den sie mit dem Sammeln von Steinpilzen quasi zurückverdienten. Es wurde gesammelt, aufgeschnitten und direkt in den Fremdenzimmern getrocknet. Das ist natürlich längst verboten (abgesehen von der Geruchsbelästigung, die eine exzessive Pilztrocknung nach sich zieht). In Südtirol gibt es mittlerweile strenge Mengen- und auch zeitliche Beschränkungen. Sammelt man außerhalb der Wohnsitzgemeinde, so ist für das Sammeln eine tägliche Gebühr an die Gemeinde zu entrichten, in der man sammelt.

Trotzdem gibt es sie noch, die Profi-Pilzsammler, die in kleinen Grüppchen etwa von Italien aus die Tiroler und Kärntner Wälder durchsuchen. Organisiertes Sammeln ist verboten, doch diese Aktionen tarnen sich als private Unternehmungen: Ist die pro Person erlaubte Höchstmenge erreicht, wird diese sofort über die Grenze zurück nach Italien gebracht und ebendort aufgeschnitten, getrocknet oder blanchiert und eingefroren. Die Sammler sind in der Zwischenzeit schon wieder über die Grenze im Wald verschwunden. Immense Mengen an Pilzen wandern so täglich von Österreich nach Italien.

Um organisierte Steinpilz-Such-Kohorten zu unterbinden, wurden in vielen Ländern Sammelbeschränkungen eingeführt: In Deutschland darf ausschließlich für den Eigenbedarf gesammelt werden, der gewerbsmäßige

Handel mit privat gesammelten Steinpilzen ist verboten. In Österreich gilt eine Sammelmenge von max. 2 kg pro Person und Tag, wobei es in einzelnen Bundesländern auch zeitliche Beschränkungen gibt. Es darf dort nur während bestimmter Monate gesammelt werden und auch nur zu bestimmten Tageszeiten. Wer gewerbsmäßig mit Steinpilzen handelt, braucht eine Genehmigung. In der Schweiz wird das ähnlich gehandhabt: 1 bis 3 kg pro Person und Tag – von Kanton zu Kanton unterschiedlich – sind erlaubt. In manchen Kantonen ist das Sammeln von Pilzen während der ersten sieben oder zehn Tage des Monats verboten. Für den Verkauf von Pilzen braucht man auch dort eine Genehmigung. Wie gesagt, die Beschränkungen gelten, in grenznahen Gebieten scheinen sie aber nutzlos.

Neben europäischen Exporten werden auf dem heimischen Markt vermehrt getrocknete Steinpilze aus China angeboten. Der Großteil davon kommt aus der Provinz Yunnan. Ins Gerede kamen die Pilze, weil darin ein hoher, wenn auch nicht gesundheitsschädlicher Gehalt an Nikotin gemessen wurde. Dafür werden drei Erklärungsmöglichkeiten angeführt: Yunnan ist gleichzeitig auch der Hotspot für den Tabakanbau. Es ist denkbar, dass Tabak und Steinpilze in denselben Anlagen getrocknet werden. Es kann aber auch sein, dass das Nikotin bewusst eingesetzt wird, um Maden abzuhalten. In Europa ist Nikotin als Pflanzenschutzmittel verboten. Trotzdem wurden in Frischware aus Deutschland und Polen geringe Nikotinmengen gefunden. Es wird derzeit untersucht, ob die Pilze das Nikotin selbst erzeugen, um Schädlinge abzuwehren. Manche Pflanzen tun das.

Spannend ist, dass in diesen Pilzmischungen aus China neue Steinpilz-Arten entdeckt wurden. So hat der Import – zumindest für die Wissenschaft – auch sein Gutes.

Im europäischen Winter werden »frische« Steinpilze aus Südafrika (KwaZulu-Natal Midlands) importiert –

madenfrei, dafür aber aromalos. Es kommen auch getrocknete Steinpilze von dort, die allerdings nicht immer sortenrein sind. Importiert wird darüber hinaus auch aus Indien, Indonesien und den USA.

Das alles macht diejenigen glücklich, die auch außerhalb der Saison nicht auf ihr Steinpilz-Gericht verzichten möchten. Sie seien daran erinnert, dass Kostbarkeiten sich neben ihrem hohen Preis vor allem durch ihre Rarität auszeichnen.

Wie auch immer: Für mich heißt die Steinpilz-Zauberformel: selten, frisch, selbst gesucht. Oder: selbst konserviert.

BIS IN ALLE EWIGKEIT

Sollte die Pilzausbeute richtig groß sein und das Fassungsvermögen der um den Tisch versammelten Mägen übersteigen, gibt es zwei sinnvolle Möglichkeiten, der Sache Herr/in zu werden: Trocknen und Einfrieren.

Um zu entscheiden, welchen Pilzen jegliches Wasser entzogen werden (den älteren, etwas größeren Exemplaren, die vielleicht nicht ganz madenfrei sind) und welche im Eis landen sollen (die kleinen, festen, jungen Pilze), empfiehlt es sich, den Fund zu sortieren. Ist das geschehen, werden die zur Trocknung vorgesehenen Pilze ca. 2 mm dünn aufgeschnitten. Versuchen Sie hübsche Scheibchen zu schnitzen, die die Pilzform noch erkennen lassen (oder zumindest Teile davon). Das sieht bei späterer Verwendung einfach schöner aus.

Ich persönlich halte das Trocknen in Dörrgerät oder Ofen für Energieverschwendung und eine absolute Notlösung. Wenn Sie das wirklich machen wollen, dann bei geringer Hitze und leicht geöffneter Ofentüre (einen Kochlöffel einklemmen, damit sie nicht zufällt). Das Einzige, was Sie für die Trocknung ohne Zusatzhitze brauchen, sind großformatige Zeitungen mit hohem Textanteil. Kleine Formate bieten zu wenig durchgängige Auflagefläche und bunte Bilder sind ebenfalls kontraproduktiv: Die Pilze kleben anfangs leicht an ihrem Untergrund und Sie möchten keinesfalls den (seitenverkehrten) Wangenknochen von Paris Hilton auf Ihrem Pilz wiederfinden. Wenn Sie auch inhaltlich einen Konnex herstellen möchten zwischen dem Vorgang der Trocknung und dem dafür vorgesehenen Untergrund, empfehle ich die *Zeit* oder die *Times*, denn: Das Trocknen von Pilzen braucht Zeit – und für eben diese Zeit die Toleranz Ihrer Mitbewohner und -innen. Ihre Behausung verwandelt sich nämlich in eine olfaktorisch recht strenge Kammer. Manche behaupten, der Geruch trocknender Steinpilze erinnere an alte, ungewaschene Socken. Ich finde es nicht ganz so schlimm und tendiere bei der Aroma-Beschreibung eher zu alten Rosshaarmatratzen. Richtig gut riecht es jedenfalls nicht. Da hilft nur trockenes Wetter und oftmaliges Lüften.

Schichten Sie also mehrere Lagen der Qualitätszeitung Ihrer Wahl übereinander und legen Sie die Pilzscheibchen auf. Sie müssen die Pilze vor allem zu Beginn mehrmals täglich wenden und die Zeitungsunterlage wechseln, dann geht die Sache relativ flott (flott heißt in diesem Fall in drei bis vier Tagen). Prüfen Sie den Zustand Ihrer Pilze täglich, sehr bald wird der Platzbedarf geringer, sie können sie »zusammenschütteln«. Rascheln

die Pilze wie ihre trockene Qualitätsunterlage, sind sie fertig und können in luftdichte Gläser verpackt werden. Dazu sollte ebenfalls ein trockener Tag gewählt werden, weil Pilzscheibchen andernfalls noch einmal

Feuchtigkeit ziehen könnten, bevor Sie sie wegsperren.[4] Das wäre gar nicht gut.

Die kleinen, festen, wunderhübschen Pilze in 1-a-Qualität schneiden Sie ebenfalls in formschöne Scheibchen, aber in etwas dickere (4 mm dürfen es sein). Neutrales Öl in einer Pfanne erhitzen und die Pilzscheiben in einer Lage darin sautieren. Dabei nicht umrühren und nur einmal wenden. Die Pilze dürfen nicht fertig gebraten werden, sie sollen aber Flüssigkeit verlieren, sollen nicht braun, aber weich werden. Pilzscheiben auskühlen lassen, überschüssiges Fett in die Pfanne zurückgießen und die nächste Tranche in Angriff nehmen. Die ausgekühlten Pilze in kleinen Portionen (bewährt haben sich 2-Personen-Vorspeisen-Portionen) in Gefrierbeutel stecken und einfrieren. Bei der Weiterverwendung in gefrorenem Zustand in Butter (!) braten. Selbst ausgewiesene Feinspitze bestätigen, dass die gefrorenen von frischen Exemplaren geschmacklich kaum zu unterscheiden sind. Abzuraten ist von roh eingefrorenen Steinpilzen. Sie riechen zwar erst wie frische Steinpilze, beim Braten entwickeln sich aber trockenpilzähnliche Aromen. Beim Blanchieren von Pilzen vor dem Einfrieren werden Aromen ausgewaschen und außerdem wird Wasser quasi zugeführt statt entzogen. Alle dem Steinpilz gewogenen Menschen empfehlen ausdrücklich, diese kulinarische Köstlichkeit nicht zu waschen, sondern nur mit einem Pinsel von Waldbodenresten zu befreien. Und dann in kochendem Wasser versenken? Niemals!

Das Einlegen von Steinpilzen mag sie haltbar machen, der reine Pilzgeschmack lässt sich beim Abkochen in einer Essiglösung nicht konservieren. Und wer Stein-

---

4   Natürlich können Sie Ihre Pilze auch fädeln und aufhängen. Das mag platztechnisch ein Vorteil sein, ich war dafür bisher einfach zu faul.

pilze mit Gewürzen (Rosmarin, Lorbeer, Wacholder, Kapern, Knoblauch etc.) einlegt, kreiert schon ein Gericht.

NÄHRWERT, HEILPOTENZIAL UND AROMA

Steinpilze bestehen bis zu 90 % aus Wasser (in sehr trockenen Regionen, etwa in Griechenland und der Türkei, kann der Wassergehalt geringer sein), sie enthalten relativ viel hochwertiges Eiweiß (ca. 4 %, wobei die Angaben zwischen 3,6 und 5,3 % schwanken).

Kohlehydrate und Fett sind kaum vorhanden, dafür aber jede Menge Ballaststoffe (6 % des Pilzes). Das im Pilz enthaltene Chitin ist nicht verdaulich, regt aber die Verdauung an (also gut kauen und mit empfindlichem Magen abends nicht zu viele davon verspeisen).

Steinpilze enthalten Vitamine des B-Komplexes, weiters Vitamine C, D, E, Folsäure, Natrium, Kalium, Magnesium, Calcium, Eisen, Phosphor, Kupfer, Zink, Chlorid, Fluorid, Jodid, Selen, Mangan, Schwefel, diverse Aminosäuren und relativ viel Harnsäure (Gichtpatienten sollten also auf Steinpilze eher verzichten).

In der Antike glaubte man, der Fichten-Steinpilz könne Sommersprossen beseitigen. Man bereitete ein Salbe zu, die auch bei Hundebissen rasche Heilung versprach. Ich persönlich finde Steinpilze zu köstlich, um sie mir ins Gesicht zu streichen, aber vielleicht wirkt die Salbe ja. In der Traditionellen Chinesischen Medizin wird der Fichten-Steinpilz zur Durchblutung, Muskel- und Gelenksentspannung eingesetzt, also etwa bei Hexenschuss oder Muskelschmerzen.

Wie weit das Heilpotenzial untersucht ist, entzieht sich meiner Kenntnis, es wurde aber beobachtet, dass kranke Tiere bestimmte Pilze fressen, z.B. eine kranke Bache Steinpilze (nur die Hüte). Ob das Wildschwein an Muskelkater gelitten hat oder nur ein Feinspitz war, weiß man natürlich nicht.

Das Aroma des Steinpilzes ist nicht nur für Wildschweine, Mücken und Fadenwürmer anziehend. Bestimmt wird es von der chemischen Verbindung 1-OCTEN-3-OL und oft als muffig charakterisiert. Wenn damit gemeint ist, dass der Geruch ein bisschen an den Duft erinnert, den man wahrnimmt, wenn man seine Nase in einen Samtvorhang steckt, der in frischer feuchter Erde gelegen ist, dann könnte ich das vielleicht unterschreiben. Der Korkton im Wein ist angeblich ebenfalls auf diese Substanz zurückzuführen sowie der Geruch alter Bücher. Letzteres finde ich schön, ich mag alte Bücher. Das Steinpilzaroma hat für mich jedenfalls etwas sehr Weiches. Es kommt aber auch in der Kartoffel vor, in Oregano und der Wilden Bergamotte, in Joghurt, schwarzem Tee, Blauschimmelkäse, Brie, Provolone, Ziegenkäse, Schwarzen Johannisbeeren, in Arrak und Whisky, in Mandarinenschale, Mango, sogar in Kakaopulver u.v.m. Der erste Lehrsatz der Verfechter des Food Pairing, die akribisch auf der Suche nach zueinander passenden Lebensmitteln sind, lautet: Zutaten passen dann gut zusammen, wenn sie sich die Schlüsselaromen teilen – und das ist auch nicht von der Hand zu weisen, wie einige der Rezepte zeigen.

Bei den Steinpilzen überwiegt die Geschmacksrichtung umami – neben süß, salzig, sauer, bitter die fünfte Geschmacksqualität, die als »vollmundig« bezeichnet und durch Glutaminsäure (Glutamat) hervorgerufen wird. Der Umami-Geschmack intensiviert sich beim Trocknen, deshalb sind getrocknete Steinpilze natürliche »Geschmacksverstärker« und runden z.B. Fleischsaucen perfekt ab.

REZEPTE

Aus Angst vor Vergiftungen wurden Pilzgerichte in der Antike nicht von Sklaven zubereitet, sondern möglichst selbst. Ich empfehle das auch. Oder zumindest die Zubereitung durch vertrauenswürdige Personen. Aber wenn man wie ich davon ausgeht, dass man ohnehin nur Steinpilze isst, wenn man selbst welche findet, hat man jeden von ihnen vorher in der Hand gehabt und für gut befunden. Es kann also kaum etwas passieren.

Steinpilze gehören zu den »spontanen« Köstlichkeiten, die uns die Natur bietet. Steinpilzgerichte sind also nicht gut planbar, außer solche mit getrockneten oder eingefrorenen Exemplaren. Ich habe mich daher bemüht, bei meinen Rezepten eher von solchen Zutaten auszugehen, die man im Normalfall zu Hause hat: Zwiebel/Schalotten, Butter, Petersilie, Bio-Zitrone, etwas Parmesan – damit geht schon sehr viel. Wenn Sie dann auch noch Trägermaterial vorrätig haben (Bandnudeln, Polenta, Risottoreis etc.), steht im Nu eine einfache Steinpilzmahlzeit auf dem Tisch. Man will nach einem ausgedehnten Pilzausflug ja nicht unbedingt stundenlang in der Küche stehen, man ist nämlich müde und hungrig.

Was Sie hier nicht finden, ist die klassische Schwammerlsauce (darin geht der feine Geschmack der Steinpilze nämlich unter) und eine Anleitung für die in Österreich weit verbreiteten gebackenen Steinpilze. Paniert wird bei mir ausschließlich der Parasol oder Gemeine Riesenschirmling, der ist kräftiger im Geschmack und verträgt sich dadurch mit dem Bröselmantel.

WAS MAN IMMER BRAUCHEN KANN

Steinpilzpulver

Es ist so: Ich dachte, getrocknete Steinpilze ließen sich problemlos mörsern. Man liest das auch ab und zu in Rezepten. Glauben Sie das nicht! Abhilfe schaffte eine in meinem Haushalt herumstehende alte, von Hand zu bedienende Kaffeemühle. Mit ihr ließen sich die faserigen Steinpilz-Scheibchen zermahlen. Aber es ist Sport. Das Pulver dient als Würze. Sie brauchen es aber auch für die Steinpilzpralinen auf S. 55.

Steinpilzsalz

40 g getrocknete Steinpilze, 2 TL getrocknete Knoblauchscheiben, 140 g Räuchersalz

Das Rezept stammt aus dem Buch »Selbstgemacht im Glas« mit wunderbaren Rezepten von Elisabeth Fischer und Eva Derndorfer. Schmeckt mir besonders gut in Ragouts, Pasta-Saucen, Suppen oder auf einem Schmalzbrot.

FÜR DEN ANFANG: STEINPILZ-COCKTAILS

Man glaubt es kaum – den Steinpilz kann man trinken. Experimentierfreudige Barkeeper zeigen es vor. Prost!

Sparkling Squirrel

Wir erinnern uns: Auf Niederländisch heißt der Steinpilz *Gewoon eekhoorntjesbrood*. Gewöhnlich ist an diesem Steinpilz-Boulevardier gar nichts. Und so geht er:

> *Pro Drink*
> *2 cl Steinpilz-Bourbon (auf Vorrat)*, 2 cl süßer Wermut (Carpano Antica Formula), 2 cl Campari, Deko: Orangen- oder Grapefruitzeste*

*250 ml Bourbon gemeinsam mit 25 g getrockneten Steinpilzen in einen Vakuum-Beutel sperren und 6 Stunden lang in warmem Wasser (70 °C) ziehen lassen. Alkohol durch ein Sieb gießen.

Den Drink mit Eiswürfeln 20 Sekunden kalt rühren und in einen Sodasiphon füllen. Kühl lagern. In einer Cocktailschale servieren.

Ich könnte mir vorstellen, dass das auch ohne Blubber geht, dann in einem Tumbler wie ein klassischer Boulevardier.

Es gibt auch einen *Mushhattan*. Serviert wird er in der Bar Seibert in Kassel. Bullet Rye Whiskey, Jägermeister, Läuterzucker, mit Steinpilz fusionierter Wermut. Wer's mag.

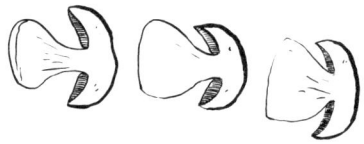

Steinpilzaufstrich mit getrockneten Tomaten

Diesen Aufstrich mache ich aus frischen Steinpilzen, die nicht ganz makellos sind.

Für 4–6 Portionen
200 g Steinpilze , 1 Schalotte, 30–40 g getrocknete Tomaten in Ö, 30 g Butter, Salz, schwarzer Pfeffer aus der Mühle, 1 EL dunkler Balsamico, 1 EL dünnflüssiger Honig, 200 g Frischkäse, 1 EL Milch

Steinpilze putzen und fein würfeln. Schalotte schälen und fein würfeln. Die Tomaten gut abtropfen lassen. Butter in einer Pfanne erhitzen, Schalottenwürfel darin glasig dünsten. Steinpilze dazugeben und unter Rühren anbraten, aber nicht braun werden lassen. Die Pilzwürfel sollen weich und ein bisschen schlaff sein. Mit Salz und Pfeffer würzen. Essig und Honig unterrühren und einmal aufkochen. Die Pilzmischung abkühlen lassen.

Frischkäse und Milch verrühren. Tomaten fein würfeln und mit der Pilzmischung unter den Frischkäse rühren. Die Tomaten geben diesem Aufstrich eine säuerliche Note, evtl. etwas sparsamer damit umgehen. Nochmals mit Pfeffer abschmecken.

Schmeckt gut zu frischem, knusprigem, nicht zu dunklem Schwarzbrot (Bauernbrot).

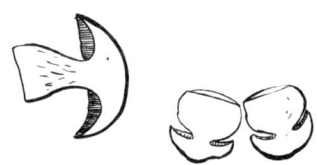

Steinpilzcreme

Die Creme ist quasi Steinpilz pur.

Für 12 Häppchen
300 g Steinpilze, ½ Bund Petersilie (nach Geschmack
mehr), 2 Zweige Thymian, 15 g Butter, 1 Knoblauch-
zehe, 50 ml Obers/Sahne, Salz, schwarzer Pfeffer aus
der Mühle, 12 Grissini, 12 Scheiben sehr dünn ge-
schnittener Lardo

Pilze putzen und klein schneiden. Petersilie fein hacken.
Thymianblättchen abzupfen und ebenfalls fein hacken.

Butter aufschäumen, Knoblauch hineinpressen. Pilze
dazugeben, einige Minuten unter Rühren schmoren (bis
die Pilzwürfelchen schlapp werden). Kurz vor Ende der
Garzeit die Petersilie und den Thymian hinzufügen und
umrühren. Nun das Obers dazugeben, mit Salz und Pfeffer abschmecken. Die Masse kurz abkühlen lassen und
im Mixer zu einer feinen Creme mixen.

Die Creme auf die obere Hälfte der Grissini streichen
und mit je 1 Scheibe Lardo umwickeln. Sofort servieren
und aufessen.

Wenn man die Masse nicht aufmixt, behält sie Biss
und schmeckt besonders gut auf Roggenbaguette. Da
brauch ich dann gar keinen Lardo dazu.

Steinpilze mit Lardo

Ein weiteres Rezept zum Thema Steinpilze und Lardo
(eine unschlagbare Kombination) stammt aus dem absolut wunderbaren und -schönen Buch »Lovekitchen« von
Eschi Fiege. Das Rezept geht wirklich schnell, was, wenn
man den ganzen Tag im Wald war, auch wirklich notwendig ist.

Steinpilze, Olivenöl, hauchdünne Lardo-Scheiben,
schwarzer Pfeffer aus der Mühle, evtl. Hauch von
Maldon-Salzflocken oder Fleur de Sel, Weißbrot

Die Steinpilze putzen und in feine Scheiben schneiden.
In einer Pfanne ohne Olivenöl anbraten, bis sie Wasser
lassen, und weiter braten, bis es verkocht ist. Erst jetzt ein
paar Spritzer Olivenöl in die Pfanne geben und die Pilze
knusprig braten. Von der Hitze nehmen und den hauch-
dünnen Lardo auf die warmen Pilze legen. Er schmilzt!
Mit Pfeffer und mit Salzflocken bestreuen und mit den
Weißbrotscheiben sofort aus der Pfanne naschen.

Steinpilzcarpaccio

Das mögen nicht alle. Sogar ich – als absolute Stein-
pilz-Verehrerin – kann nur ganz wenig davon essen. Das
aber mit Hochgenuss. Deshalb würde ich das Carpaccio
nicht einmal als Vorspeise, sondern höchstens als Amuse-
Gueule servieren.

Für 4 Portionen
2 kleine, junge, feste, madenfreie, eben gefundene, also
absolut frische Steinpilzchen, Salz, Pfeffer, gutes mildes
Olivenöl, 4 zarte Basilikumblätter, Hauch Zitronen-
schale oder -saft

Die Steinpilze in ganz feine Scheibchen hobeln (mit einem Käsehobel oder mit einer Wurstmaschine, wer so etwas hat). Die Basilikumblättchen in feine Streifen
schneiden. Steinpilze hübsch auf Tellern verteilen.
Hauch Salz und Pfeffer drüber und ein paar Tropfen Olivenöl, auch die Basilikumsstreifchen, welche die Puristen unter uns aber weglassen. Wer
mag, aromatisiert mit Zitrone. Basta.

Steinpilze & Steinquendel

Das Besondere an diesem traditionellen italienischen Rezept ist *nepitella* (in manchen Regionen auch *mentuccia*). Bei diesem Kraut handelt es sich um *Calamintha nepeta* (und nicht um Mentha spec. ›Mentuccia‹), die Kleinblütige Bergminze, auch bekannt unter dem Namen Steinquendel. Sie wächst auf trockenen Böden, gerne in Olivenhainen, im warmen Europa (und bis in den Osten des Iran). Sie schmeckt nur leicht nach Minze, ein bisschen nach Salbei, gemischt mit einem Hauch Oregano. Ich war von ihrem Duft so betört, dass ich sie auf meinem Balkon angepflanzt habe.

Für 4 Portionen
4 mittelgroße frische Steinpilze, 4 EL Olivenöl + etwas mehr zum Beträufeln, 2 fein gehackte Knoblauchzehen, 4 Zweige Steinquendel (ersatzweise frische Minze, aber keine Pfefferminze, eher Zitronenminze und sehr, sehr vorsichtig damit umgehen, und Oregano), es dürfen ruhig Blüten dran sein, 8 Scheiben Toscanabrot, Salz

Steinpilze putzen und blättrig schneiden.

Den nun folgenden Vorgang evtl. in 2 getrennten Pfannen mit jeweils den halben Zutaten durchführen, es passen bei mir nämlich max. 2 Pilze in eine Pfanne. Wenn Sie sie in einer Pfanne hintereinander braten, verbrennt der Knoblauch.

Olivenöl erhitzen, aber nicht zu sehr, Knoblauch und Steinquendel hineingeben. Jetzt entsteigt der Pfanne ein wunderbar feiner, unaufdringlicher Minzeduft. Bei mittlerer Hitze braten, bis der Knoblauch ganz leicht goldgelb überhaucht ist. Steinpilze dazugeben, goldgelb braten, dann leicht salzen.

In der Zwischenzeit das Toscanabrot toasten und einige Tropfen Olivenöl darüber verteilen.

Die Steinpilze aufs Brot legen, die nun krossen Nepitella-Blättchen und -blüten abzupfen und auf die Pilze geben und sofort essen.

Steinpilze & Steinquendel & Rote Rüben

Obige Steinpilz-Zubereitung lässt sich mit Roten Rüben kombinieren. Eine wirklich spannende Herbstvorspeise.

Für 4 Portionen
4 kleine Rote Rüben, Schale einer Bio-Zitrone
4 kleine Rote Rüben kochen. Möglichst dünn aufscheiden und hübsch auf 4 Tellern auflegen. Etwas Zitronenschale darüberreiben (nicht zu fein) und die wie oben zubereiteten Pilze darüber verteilen. Mit den krossen Nepitella-Blättchen toppen.

Gebratene Steinpilze mit Pfirsichscheibchen

Pilze in einer fruchtigen, hochsommerlichen Variante.

Für 4 Portionen
4 kleine, frische, feste Steinpilze, 2 Schalotten oder eine halbe milde Zwiebel, 1 Knoblauchzehe, 2 aromatische, aber nicht zu weiche Pfirsiche, 4 EL Olivenöl, 2 EL Butter, Meersalz, schwarzer Pfeffer, frischer Thymian (oder Steinquendel), 2 TL würziger Waldhonig
Steinpilze putzen und in ca. 3 mm dünne Scheiben schneiden, Schalotten und Knoblauch fein hacken. Pfirsiche entkernen, schälen und in Spalten schneiden.

Den folgenden Vorgang wieder parallel in 2 getrennten Pfannen mit jeweils den halben Zutaten durchführen: Öl und Butter erhitzen, Schalotten und Knoblauch darin anschwitzen. Die Steinpilz-Scheiben dazugeben. Braten, bis die Unterseite der Pilze goldbraun ist, dann wenden, die zweite Seite geht schneller. Die Pilze samt Knoblauch und Schalotten aus der Pfanne nehmen, warm stellen.

Ab nun geht's wieder in einer Pfanne: Die Pfirsich-spalten in dem aromatisierten Öl bräunen, mit Salz und Pfeffer würzen. Pfirsiche aus der Pfanne nehmen und die Thymianzweiglein im verbliebenen Öl anbraten. In der Zwischenzeit Pilze und Pfirsiche abwechselnd auf gewärmten Tellern hübsch anrichten.

Etwas Honig darüberträufeln, evtl. noch einmal pfeffern und die Thymianzweiglein darüberlegen.

Wer möchte, kombiniert mit fein geschnittenen und kross gebratenen Hamburger-Speckscheiben.

Variante: Statt Pfirsich eine reife Mango verwenden. Dann aber unbedingt mit Steinquendel (mit seinem leichten Minzaroma) statt Thymian nehmen.

Steinpilze im Paket

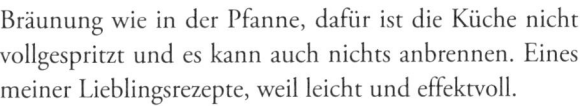

Dieses Gericht gehört zur Kategorie »Steinpilze pur«. Die Pilze bekommen nicht die leichte Bräunung wie in der Pfanne, dafür ist die Küche nicht vollgespritzt und es kann auch nichts anbrennen. Eines meiner Lieblingsrezepte, weil leicht und effektvoll.

Für 4 Portionen
300 g Steinpilze, Salz, schwarzer Pfeffer aus der Mühle, Butterflöckchen, 4 kleine Zweige Zitronenthymian (oder normaler Thymian oder natürlich Steinquendel), 4 Blätter Backpapier

Den Backofen auf 200 °C, Umluft 180 °C vorheizen. Die Backpapierblätter in der Mitte dünn mit Butter bestreichen. Pilze putzen und in Scheiben schneiden. Die Pilze auf die gebutterten Papierbögen verteilen, salzen, pfeffern, Zitronenthymian darüberstreuen (oder Zweig drauflegen) und auf die Bögen verteilen. Pilze salzen, pfeffern, Butterflöckchen auf die Pilze setzen (und vielleicht einige davon zwischen die Pilzscheiben schieben.

Das Backpapier bonbonförmig verschließen (oben schließen, die Enden links und rechts verdrehen, evtl. mit Küchengarn zubinden). Die Päckchen auf ein Backblech setzen und ca. 13 Minuten garen.

Unbedingt im Päckchen servieren! Dafür je 1 Päckchen auf einen großen Teller setzen, auf dem auch noch Platz für Radicchiosalat ist.

Radicchiosalat: 1 Radicchio (oder mehr), ½ EL Honig, 3 EL Naturjoghurt, 15 g heller Balsamico, Salz, schwarzer Pfeffer aus der Mühle, ½ EL Mayonnaise, 1 Msp. Senf, etwas Maiskeimöl, 1 EL geriebener Parmesan

Radicchio putzen, zerteilen, waschen, gut abtropfen lassen. Für das Dressing alle Zutaten in einer Schüssel gut vermischen.

Radicchioblätter neben den Steinpilz-Päckchen auf die Teller legen und mit dem Dressing beträufeln. Wer mag, reibt nach Öffnen des Päckchens einen Hauch Zitronenschale über die Pilze.

Und noch etwas: Zufällig waren, als ich die Pilze in Papier machte, auf meinem Balkon gerade zwei Feigen reif. Schwupps – geviertelt und auf die Teller mit den Päckchen dazugelegt. Das hat nicht nur sehr toll ausgesehen. Ob der Geschmackskombination aus waldigem Steinpilz und frischer, zarter Feigensüße waren am Tisch einige Ahs und Ohs zu hören.

Steinpilzsoufflé

Die Italiener nennen dieses Gericht *Sformato*. Das heißt »Auflauf«, aber auch »unförmig« oder »verformt«. Das finde ich sehr schön, weil die Soufflés nicht immer gleichmäßig aufgehen – sie geraten eben ein wenig aus der Form. Und genau so soll es sein.

Für 4 Portionen
20 g getrocknete Steinpilze, 1 kleine Zwiebel, 2 Knoblauchzehen, ½ Bund Petersilie, 1 EL Butter, Salz, Pfeffer, 1 Schuss Sherry, 50 ml Pilz-Einweichflüssigkeit, 100 ml Obers/Sahne, 50 g Crème fraîche, 3 Eier, 1 Eigelb, Butter für die Förmchen

Die Steinpilze für ca. 30 Minuten in warmem Wasser einweichen. In der Zwischenzeit die Zwiebel und die Knoblauchzehen fein hacken, Petersilienblättchen abzupfen und ebenfalls klein schneiden.

Die Pilze ausdrücken und so fein wie möglich hacken. 50 ml der Einweichflüssigkeit beiseite stellen.

Butter in einer Pfanne schmelzen, Zwiebel und Knoblauch darin glasig anlaufen lassen. Die Pilze dazugeben und auch die Petersilie. Salzen und pfeffern. 3 Minuten braten, dann mit dem Sherry ablöschen. Alkohol verkochen lassen, Hitze reduzieren, die Pilzflüssigkeit dazugießen und alles ca. 10 Minuten auf kleinster Flamme köcheln lassen.

Den Backofen auf 150 °C (Umluft) vorheizen und 4 kleine ofenfeste Förmchen mit Butter ausstreichen.

Obers und Crème fraîche in den Standmixer geben, Pilz-Mischung hinzufügen und mixen. Die Eier und das Eigelb verquirlen und nach und nach in den Mixer dazugeben. Die Masse wird jetzt hühnerleberpastetenfarben. Evtl. noch einmal mit etwas Salz und Pfeffer abschmecken.

Im Wasserkocher Wasser kochen (eh klar). Die Masse in die Förmchen füllen, die Förmchen in gehörigem Abstand (sie dürfen einander nicht berühren) auf ein tiefes Blech oder in eine Auflaufform stellen, heißes Wasser drum herumgießen und ab in den Ofen. Je nach Ofen 30 bis 40 Minuten garen. Die Soufflés gehen auf, reißen an der Oberfläche ein bisschen ein und glänzen, wo sie nicht aufreißen.

Wenn die Garzeit um ist und Ihnen die Soufflés außen gefallen, die Förmchen aus dem Ofen holen. Mir ist es nicht gelungen, die Soufflés aus der Form zu lösen, aber das muss auch nicht sein. Förmchen auf Teller stellen, z.B. Rucola-Salat darum herumdrapieren, mit Marinade (Oliven-, dank meiner weit gereisten Nachbarn auch Arganöl, Balsamico, Salz, Pfeffer, Senf – geschüttelt, nicht gerührt) beträufeln.

Die Soufflés sehen auch innen aus wie sehr fluffig gerührte Hühnerleberpastete und schmecken auch ein ganz kleines bisschen so. Womit ich eine Theorie in die Welt setzen möchte: Steinpilz-Soufflés schmecken nach Hühnerleberpastete – nach guter, selbst gemachter, versteht sich.

Ich mochte dazu übrigens ein wenig Preiselbeeren. Ein Orangensößchen könnte auch gut sein. Ein bisschen Säure eben.

Klare Hühnersuppe mit Steinpilzen und Tomaten

Ja, wir alle kennen und lieben die gebundene Pilzsuppe. Sie schmeckt nach Winter und Kaminfeuer. Bei diesem Rezept aber handelt es sich um eine ungebundene (also freiheitsliebende) Versöhnungssuppe zwischen Sommer und Herbst. Die letzten wirklich reifen Tomaten schmecken noch nach langen, heißen Wochenenden im Freien und die frischen, nach Waldboden duftenden Pilze locken mit dem Vorgeschmack auf einen milden Herbst. Die Suppe beschwichtigt die Seele, wenn man merkt, dass das Licht schärfer wird, die Luft kühler und die Tage nicht mehr endlos lang sind.

Für 4 Portionen
200 g frische Steinpilze, 2 Schalotten oder ¼ einer milden Zwiebel, ½ Stange Lauch (weißer Teil),
1–2 Tomaten, 2 EL Olivenöl, 1 Zweig Rosmarin, Salz (oder Steinpilzsalz von S. 29, Pfeffer, 500 ml Hühnersuppe
Dazu: 4 Scheiben Ciabatta, etwas frisch geriebener Parmesan

Die Steinpilze putzen und in Scheiben schneiden. Die Schalotten fein hacken.

Die Lauchstange halbieren und die Hälften in feine Halbmonde schneiden. Die Tomaten schälen (mit einem Sparschäler, oder kurz überbrühen und die Haut abziehen), Kerne entfernen und das Fleisch in kleine Würfel schneiden.

In einem Topf das Olivenöl erhitzen, Schalotten dazugeben, nur wenig anlaufen lassen, dann gleich die Pilze und den Rosmarinzweig dazugeben und umrühren. Wenn die Pilze Wasser lassen, die Hitze sofort reduzieren, zudecken und die Pilze 8–10 Minuten schmoren. Nun Tomaten und Lauch dazugeben, umrühren, Hühnersuppe hinzufügen, Hitze wieder erhöhen, die Suppe einmal aufkochen lassen, Hitze sofort wieder reduzieren und maximal 5 Minuten köcheln lassen. Mit Salz und Pfeffer abschmecken.

Die Tomaten geben eine leichte Säure, die Lauch-Halbmonde sollen im Mund noch knacken, wenn man draufbeißt, und irgendwie schmeckt man vielleicht einen Hauch Haselnuss. Das müssen die Pilze sein.

Zur Erhöhung der Sommer-Wehmut Ciabatta-Scheiben mit Olivenöl beträufeln, Parmesan daraufstreuen und im vorgeheizten Ofen (180 °C Umluft, evtl. am Schluss Grillfunktion) überbacken, bis der Käse leicht knusperbraun ist. Zur Suppe servieren.

Wer es schon herbstlicher mag, reicht dazu knackfrisches, nicht zu dunkles Bauernbrot mit ordentlicher Kruste.

Pizza mit Birnen und Steinpilzen

Die Kombination von Birnen und Steinpilzen finde ich köstlich. Die beiden Zutaten wurden bereits in der Antike kombiniert, allerdings hintereinander und nicht so sehr des Geschmacks wegen, sondern um die Gefährlichkeit der Pilze abzumildern oder ihre Bekömmlichkeit zu erhöhen. Plinius empfiehlt deshalb das Mitkochen eines Birnenstiels oder den Verzehr einer Birne unmittelbar im Anschluss an ein Pilzmahl. Hier ist die Birne gleich dabei.

Für 1 Backblech (2–4 Portionen)
Teig: 300 g Mehl, ½ Pkg. Trockenhefe, 3 g Salz, Prise Zucker, 15 ml Olivenöl, 170 ml lauwarmes Wasser
Belag: 250–300 g frische Steinpilze (mindestens), 1 aromatische Birne, 75 g Frischkäse (oder Ziegenfrischkäse), 75 g Crème fraîche, 1 Schuss Obers/Sahne, etwas abgeriebene Zitronenschale, Salz, gutes Olivenöl zum Bepinseln, 170 g Vacherin Mont-d'Or oder anderer guter Weichkäse aus Rohmilch von der Kuh, frische zarte Salbeiblätter

Die trockenen Zutaten miteinander versieben und in eine Schüssel geben. Öl und Wasser in die Mitte gießen und mit der Hand von außen nach innen einarbeiten, bis sich der Teig etwas vom Schüsselrand löst. Auf einer bemehlten Arbeitsfläche nochmals durchkneten, zurück in die Schüssel und mit einem feuchten Tuch bedeckt ca. 30 Minuten stehen lassen. Es soll ein weicher Teig entstehen, der Blasen wirft. Die Konsistenz mit Mehl/Wasser regulieren.

Während der Pizzateig geht, die Steinpilze putzen und in feine Scheibchen schneiden. Die Birne waschen, das Kerngehäuse entfernen und das Fruchtfleisch ebenfalls in feine Scheiben schneiden. Frischkäse, Crème fraîche, Obers und Zitronenschale verrühren, mit Salz abschmecken.

Das Backblech mit Olivenöl einfetten. Den Backofen auf 230 °C (Umluft) vorheizen.

Den Pizzateig nach der Ruhezeit nochmals durchkneten und pizzabäckergleich erst rund schupfen/drehen, dann zu einem Rechteck in Blechgröße ziehen und auf selbiges legen. Der Teig sollte – für meinen Geschmack – so dünn wie möglich sein. Wenn Sie die amerikanische Variante (also viel fluffigen Teig) bevorzugen, dann 500 g Mehl und ein ganzes Päckchen Hefe verwenden. Und eine Prise Zucker zum Teig geben.

Den Teig mit der Frischkäse-Mischung gleichmäßig bestreichen. Die Steinpilz- und die Birnenscheibchen optisch schön darauf drapieren, den Käse mit einem Löffel aus seiner Schachtel kratzen und kleine Häufchen davon in regelmäßigen Abständen auf die Pizza setzen. Nun noch die Salbeiblättchen gefällig verteilen und die Pizzaoberfläche (vor allem Pilze und Birne, der Käse braucht's nicht, dafür aber der Teigrand) mit Olivenöl einpinseln. Etwas pfeffern und ab in den Ofen. Nach ca. 35 Minuten ist die Pizza knusprig-braun und fertig.

Ich empfehle das Backen in Etappen: Timer auf 25 Minuten stellen, wenn's bimmelt, in den Ofen schauen und die Lage kontrollieren. Ich muss die Pizza für die letzten 10 Minuten immer drehen, weil mein Ofen nicht gleichmäßig bäckt. Eventuell zum Schluss die Temperatur auf 250 °C erhöhen. Timer noch einmal auf 10 Minuten stellen, die Mitesser zusammentrommeln und sie den Tisch decken lassen.

Zum Nachwürzen Salz und Pfeffer auf den Tisch stellen.

Variante mit Mozzarella & Lauch: Statt Vacherin Mozzarella nehmen und statt Birne feine Lauch-Scheibchen, dann vielleicht auch ein Hauch Knoblauch. Und unmittelbar vor dem Servieren extra gebratene hauchdünne Speck-Scheibchen über die Pizza streuen.

Variante mit Mango & Rosmarin: einige EL Crème fraîche mit 5 g Steinpilzpulver (siehe S. 29) vermengen. Ca. 10 g getrocknete Mango mit den Nadeln von 1–2 Rosmarinzweigen ganz fein hacken oder cuttern, mit etwas Olivenöl vermengen. 1 frische rote Chili entkernen und fein hacken.

Den Pizzateig mit der Steinpilzcreme bestreichen, die Steinpilz-Scheiben und Chili darüber verteilen, salzen, vorsichtig pfeffern, Rosmarin-Mango-Gemisch darüber verteilen (ca. 1/3 davon aufheben), Parmesan darüberhobeln. Ab in den Ofen. Vor dem Servieren die restliche Mango-Mischung darüber verteilen und evtl. Rucola darüber verteilen.

Steinpilz-Tartelettes mit Petersilien-Granatapfel-Salat

Das Grundrezept für die Tartelettes stammt von Mimi Thorisson, die wirklich gute Kochbücher schreibt, mit wirklich schönen Bildern drin, fotografiert von ihrem Mann Oddur Thorisson.

Für 4 Portionen
1 Packung Butter-Blätterteig (270 g), 1 kleine milde Zwiebel oder 1 riesige Schalotte, 3 Knoblauchzehen, 600 g frische Steinpilze, 4 EL Butter, 1 Bund Petersilie (gehackt), Salz, schwarzer Pfeffer aus der Mühle, etwas Olivenöl

*Für den Salat: 1 gigantischer Bund glatte Petersilie,
1 Granatapfel, Olivenöl, Zitronensaft, Honig, Salz,
Pfeffer*

Den Ofen auf 180 °C (Umluft) vorheizen. Den Blätterteig auf einer bemehlten Arbeitsfläche etwas ausrollen, sodass aus dem Teigrechteck ein Quadrat wird. In 4 gleich große Quadrate schneiden und diese mit einem Teigroller oder Messer zu Kreisen schneiden.

Ich mag es nicht so gern, wenn man Lebensmittel wegschmeißt, deshalb: den Teig entweder quadratisch lassen (das sieht aber nicht so schön aus) oder die Teigabschnippsel noch kleiner schneiden, ein bisschen zusammenrollen und zum Schluss, wenn die Teig-Tellerchen gebacken sind, für 10 Minuten in den Ofen schieben. Noch heiß salzen (oder mit Steinpilzsalz von S. 29 würzen) und als Snack naschen.

Die Teigkreise mehrmals einschneiden und auf ein mit Backpapier belegtes Blech bugsieren. Eine zweite Lage Backpapier darauflegen, damit die Tellerchen nicht so hoch aufgehen, und für 10 Minuten backen.

Nach 10 Minuten Backzeit das obere Backpapier von den Blätterteig-Scheiben nehmen und Letztere weitere 7–8 Minuten backen.

In der Zwischenzeit die Zwiebel/Schalotte und die Knoblauchzehen fein hacken, die Steinpilze nicht zu fein blättrig schneiden. Die Butter in einer Pfanne schmelzen. Zwiebel und Knoblauch in der nicht zu heißen Butter anschwitzen, dann die Steinpilze dazugeben, Hitze erhöhen, salzen, pfeffern und die Pilze braten, bis sie goldbraun sind. Das sollte sich ausgehen, bis der Blätterteig fertig ist.

Die Pilze auf den noch heißen Blätterteig-Tellerchen verteilen, nebst ein paar Tropfen Olivenöl evtl. noch einen Hauch Pfeffer darüber, Petersilie darüberstreuen.

Wenn ich Hunger habe, esse ich auch zwei von den Dingern. Über das zweite brösele ich statt Petersilie einige Krümel Roquefort (aber nicht zu viel, man soll die Steinpilze noch schmecken!). Der schmilzt dann ein bisschen und das ist auch sehr köstlich.

Während die Tartelettes im Ofen sind, den Salat zubereiten: Petersilienblätter abzupfen, aus Olivenöl, Salz, Pfeffer und Zitronensaft und etwas Honig eine Marinade rühren. Granatapfelkerne auslösen, ohne die Küche zu versauen, über den Salat streuen, Marinade drüber und zu den Tartelettes essen. Ich finde, Granatapfel macht sich zu Steinpilzen sehr gut.

Flaumiger Steinpilzkuchen

Das Originalrezept heißt »Brot mit Waldpilzen« und stammt aus dem Buch »Rezepte aus dem Wald« von Jean-François Mallet. Meine Variante hat nichts von einem Brot (außer vielleicht die längliche Form), aber das ist egal, weil sie schmeckt köstlich.

Für 4 Portionen
400 g Steinpilze, 50 g Butter und ein wenig zum Ausfetten der Kastenform, 100 g geriebener Bergkäse, ½ Bund Schnittlauch (klein geschnitten), ½ Bund Petersilie (gehackt), Salz, schwarzer Pfeffer aus der Mühle, 100 g Mehl , 1 Pkg. Backpulver, 3 Eier (verquirlt), 100 ml Milch

Die Steinpilze sorgfältig putzen und in 2 mm starke Scheiben schneiden, diese wiederum in ca. 5 cm lange Stücke (im Kuchen sollen noch wirkliche Pilzscheiben drin sein, das ist hübsch). Butter in einer großen Pfanne bei mittlerer Hitze aufschäumen. Die Pilze hineingeben, durchrühren, den Käse dazugeben und alles gut vermischen. Etwa 5 Minuten braten, dabei immer umrühren. Die Pilze lassen Wasser, der Käse schmilzt – es entsteht rund um die Pilze eine sämige Sauce. Die Kräuter einrühren und die Pfanne vom Herd nehmen. Mit Salz und Pfeffer würzen (je nach Intensität des Käses). Mischung etwas auskühlen lassen.

Den Backofen auf 170 °C (Umluft) vorheizen, die Kastenform mit Butter ausfetten.

Mehl und Backpulver versieben. In einer großen Schüssel die Eier mit der Milch verquirlen. Die etwas abgekühlten Pilze samt Sauce beifügen und alles gründlich vermischen. Mehl-Backpulver-Mischung nach und nach unterrühren.

Den Pilzteig in die Kastenform füllen und ca. 45 Minuten backen. Die Oberfläche wird schön braun.

Den Kuchen rundherum mit einem Messer vom Rand lösen und noch heiß aus der Form stürzen. In Scheiben schneiden und mit einem Blattsalat verspeisen.

Steinpilzrisotto

Ich habe dieses Improvisationsrisotto mit den letzten Steinpilzen des Jahres gekocht – und werde es, sobald die ersten des kommenden Jahres auftauchen, SOFORT wiederholen. Es war dermaßen gut, dass ich es am liebsten allein aufgegessen hätte.

Für 4 Portionen
4 größere Schalotten, ca. 250 g frische Steinpilze, 50 g
Parmesan, 500–700 ml Hühnersuppe (die hatte ich im
Tiefkühlfach, was bestätigt, dass man immer Suppe
eingefroren haben soll, die Menge, die Sie brauchen,
hängt von der Reissorte ab), ca. 50 g Butter, Olivenöl,
1 kräftiger Schuss Weißwein (ich hatte Grünen Veltli-
ner aus dem Kamptal), 250 g Risottoreis (bei mir war's
Carnaroli), 2–3 Wacholderbeeren, Salz, Pfeffer, etwas
abgeriebene Zitronenschale, etwas frische Thymian-
blättchen, Ribiselgelee (war im Glas im Kühlschrank,
Preiselbeeren schmecken sicher auch)

Die Schalotten fein hacken, die Steinpilze putzen und in nicht zu dünne Scheiben schneiden (5 mm), den Parmesan reiben. Parallel dazu die Suppe auftauen und nahezu zum Kochen bringen.

Ca. die Hälfte der Butter mit 2 EL Olivenöl in einen Topf geben und die Schalotten darin anschwitzen. Wenn sie glasig sind, den Reis dazugeben und rühren. Wenn der auch glasig wird, mit einem kräftigen Schuss Weißwein ablöschen (selbst auch einen Schluck nehmen) und den Wein verkochen lassen.

Nun die heiße Hühnersuppe nach und nach zum Reis zugeben. Immer einen Schöpflöffel Suppe angießen, dann rühren, Suppe verkochen lassen, wieder rühren. Wenn das Risotto beim Rühren faucht, dann den nächsten Schöpfer Suppe dazugeben.

Jetzt wird's multitaskingmäßig: Eine Pfanne neben den Risottotopf auf den Herd stellen und die Pilzscheiben in Olivenöl (oder Butter) beidseitig goldbraun braten. Vermutlich schaffen Sie das in 2 Tranchen. Pilze auf Küchenkrepp abtropfen lassen, das Pilzbratöl nicht weggießen. Und inzwischen natürlich Rühren und Suppe nachgießen nicht vergessen.

Wenn die Pilze fertig gebraten sind, geben Sie den Rest des Pilzöls in Ihr Risotto (das sollte nicht allzu viel sein, aber für das Aroma ist es gut). Mein Risotto war in ca. 30 Minuten fertig. Es ist cremig, aber die Reiskörner haben noch deutlichen Biss. Gegen Ende der Garzeit die Pilze unterrühren, dann die restliche Butter, die Thymianblättchen, den Parmesan, mit Salz und Pfeffer und einem Hauch Zitronenschale abschmecken.

Sofort essen. Das Ribiselgelee war ein Gedicht dazu. Und der restliche Wein hat auch ganz köstlich geschmeckt.

Variante: Sollten Sie *Risotto mit getrockneten Steinpilzen* machen, so weichen Sie diese in der heißen Suppe ein. Wenn Sie eine Bio-Mandarine bekommen, versuchen Sie doch einmal, Ihr Trockenpilz-Risotto mit deren Schale zu aromatisieren.

Steinpilze & Jakobsmuscheln

Sehr einfach, sehr elegant. Hinterher darf's noch eine Nachspeise geben.

Für 4 Portionen
1 kleiner Frisee-Salat, Dressing: Olivenöl, Zitronensaft, Salz, Pfeffer, evtl. etwas Honig
8 Jakobsmuscheln, 4 kleine Steinpilze, Olivenöl, Butter, abgeriebene Schale einer Bio-Zitrone
2 Pfannen, um Muscheln und Pilze gleichzeitig zuzubereiten.

Den Frisee-Salat waschen und trocken schleudern (ich besitze aus Platzgründen keine Salatschleuder, verfrachte die nassen Blätter in ein sauberes Geschirrtuch, packe die vier Geschirrtuch-Ecken mit einer Hand und achte darauf, dass der Salat nirgendwo entkommen kann; dann stelle ich mich auf den Balkon und betreibe Gymnastik: ein paar kräftige und rasche Armkreise und der Salat ist trocken geschleudert).

Die Zutaten für die Marinade in ein Schraubglas füllen und zu einer Emulsion schütteln.

Die Jakobsmuscheln auf einer Seite bis zur Hälfte dreimal einschneiden, um 90° drehen und noch einmal 2–3 Schnitte anbringen (es entsteht ein Gittermuster). Ich mache das, weil ich es nicht so sehr mag, wenn die Muscheln innen noch glasig sind. Wenn Sie diese saftig-glasige Konsistenz lieben, lassen Sie die Schnitte einfach weg.

Die Steinpilze in ca. 3 mm dünne Scheiben schneiden. Den Salat marinieren.

In einer Pfanne Butter sanft erhitzen. Darin die Pilzscheiben braten. Sie lassen etwas Wasser. Danach wenden und auch die zweite Seite braten. Dabei darauf achten, dass die Butter nicht verbrennt. Die Pilze sollen goldbraun sein.

Parallel dazu in der zweiten Pfanne etwas Olivenöl ziemlich heiß werden lassen. Die Jakobsmuscheln mit der flachen Seite nach unten ins Olivenöl geben und für ca. 1 Minute braten, die Muscheln wenden und die zweite Seite ebenfalls ca. 1 Minute braten.

Beide Zutaten ganz leicht salzen, Muscheln mit der flachen Seite nach unten auf vorgewärmte Teller setzen, die Pilze drumherum anrichten. Die restliche Pilzbutter über die Muscheln gießen, einen Hauch Zitronenschale darüberreiben, nach Geschmack auch ein Hauch Pfeffer. Salat dazu. Fertig.

Steinpilz-Kalbsrouladen

Für 6 Portionen
1 Handvoll getrocknete Steinpilze, 100 ml Obers/Sahne, 2 feste frische Steinpilze in ca. 4 mm dünnen Scheiben, 4 große Kalbsschnitzel, 1 Kugel (Büffel-) Mozzarella, 4 getrocknete Tomaten in Öl (abgetropft), einige Basilikumblätter, Salz (oder Steinpilzsalz von S. 29), Pfeffer, 1 klein gehackte Schalotte, 1 gelbe Rübe in Scheibchen, 1 Schuss Weißwein, Kalbsfond, grüne Pfefferkörner, Hauch Zitronenschale

Die getrockneten Steinpilze im Obers einweichen. Kalbsschnitzel klopfen. Steinpilz-Scheiben in Butter leicht braun braten (oder Sie verwenden Ihre auf Vorrat eingefrorenen Pilzscheiben, siehe S. 25, die Sie in etwas Butter bräunen), aus der Pfanne nehmen. Den Mozzarella in möglichst feine Scheiben schneiden.

Die Schnitzel aufbreiten, mit der Pilzbratbutter beträufeln, salzen und pfeffern, dann mit Mozzarella, Basilikumblättchen, je 1 Tomate und den Pilzen belegen (mit Letzteren nicht sparen), noch einmal würzen. Die Schnitzel aufrollen und mit Küchengarn binden; möglichst auch die Enden verschließen, evtl. mit einem Zahnstocher, um das Austreten des Mozzarella zumindest einzudämmen (verhindern können Sie das ohnehin nicht, was aber nichts macht).

Olivenöl in einem tiefen Schmortopf (mit Deckel) erhitzen und die Rouladen rundherum scharf anbraten. Aus dem Bräter nehmen und beiseite stellen. Schalotten und Rübenscheibchen in den Topf geben und braten, bis die Schalottenwürfel glasig sind. Mit einem kräftigen Schuss Weißwein ablöschen und die Flüssigkeit komplett verkochen lassen. Kalbsfond und Obers samt eingeweichten Trockenpilzen in den Topf geben, noch einmal kräftig salzen und 3–4 grüne Pfefferkörner einwerfen. Aufkochen, die Rouladen wieder in den Topf legen (sie sollen zu zwei Dritteln mit Flüssigkeit bedeckt sein) und bei kleiner Hitze 20–25 Minuten zugedeckt köcheln lassen.

Rouladen aus dem Topf nehmen, die Sauce mit einem Stabmixer pürieren, nochmals abschmecken, mit einem Hauch Zitronenschale aromatisieren und die Rollen wieder in die Sauce legen. Weitere 10 Minuten bei geringer Hitze köcheln lassen.

Dazu passen breite Bandnudeln und Blattsalat.

Ragout aus Steinpilzen & Hühnermägen

Wer glaubt, dass aus dem Périgord nur Trüffeln kommen, der irrt. Es gibt dort auch Steinpilze, und die werden mit in Entenfett konservierten Entenmägen kombiniert. Für mich als passionierte Innereien-Vertilgerin das sprichwörtliche gefundene Fressen. Ich habe das Gericht in Ermangelung konservierter Entenmägen (die sind, wenn nicht selbst importiert, in französischen Delikatessenläden oder durch ebensolche Versandkanäle erhältlich) mit frischen Hühnermägen (die sind beim Geflügelhändler Ihres Vertrauens erhältlich) zubereitet.

Für 4 Portionen
400 g Hühnermägen, 400 g Zwiebeln, 6 Schalotten,
4 Knoblauchzehen, Butter und/oder Olivenöl,
1 Flasche guter französischer Rotwein (ich hatte einen
Médoc, eine Cuvée aus Merlot und Cabernet
Sauvignon), Hühnersuppe, 20 g Bitterschokolade,
500 g frische Steinpilze, etwas gehackte Petersilie

Die Hühnermägen sorgfältig putzen. Ich habe nur die bauchigen Teile verwendet und die flachen Verbindungsstückchen dazwischen weggeschnitten. Die Mägen in ca. 3 mm dünne Scheibchen scheiden. Zwiebeln und Schalotten fein hacken, ebenso die Knoblauchzehen.

Zwiebeln in einer Mischung (nach Geschmack) aus Butter und Öl in einem Topf bei nicht zu großer Hitze weich und golden braten. Das dauert ca. 10 Minuten. Wenn Sie die Zwiebeln für richtig goldig halten, den Knoblauch dazugeben und nochmal durchrühren. Mit mindestens 250 ml Wein aufgießen, den Wein etwas einkochen lassen. Die Hühnermagen-Scheibchen in den Topf zu den Zwiebeln geben, alles einmal aufkochen lassen, die warme Hühnersuppe dazugeben und die Mägen bei kleiner Flamme in der Sauce ca. 25 Minuten weich köcheln. Wobei weich bei Mägen so eine Sache ist: Es handelt sich um sehr festes Muskelfleisch – Biss bleibt da schon bestehen. Gegen Ende der halben Kochzeit die Schokolade beifügen.

In der Zwischenzeit die Pilze putzen und in nicht allzu kleine Stücke schneiden. Bei mir hatten sie die Länge der Hühnermagen-Scheibchen, waren aber doppelt so dick. Die Stücke in Butter goldbraun braten, dann die Schalotten dazugeben und nochmals durchrühren. Kräftig salzen und pfeffern.

So, nun die Pilze samt Schalotten zu den Rotwein-Mägen geben, umrühren und mit Salz und Pfeffer abschmecken. Im Originalrezept kam noch 1 EL Crème fraîche dazu, ich hab aber drauf verzichtet, weil die Sauce sehr sämig war. Ich bin allerdings dafür, das Gericht mit etwas gehackter Petersilie zu toppen.

Heiß mit Baguette verspeisen und den gleichen Rotwein dazu trinken, in dem Sie die Hühnermägen ertränkt haben (es sollte noch etwas in der Flasche sein, außer es wurden bereits Küchenachterl getrunken).

Variante als Tarte:

> *Füllung aus 600 g klein geschnittenen Steinpilzen,*
> *2 gehackte Schalotten, 400 g konservierten Enten-*
> *mägen in Scheibchen, 1 TL Entenschmalz, Kalbs-*
> *oder Rinderfond, Salz, Pfeffer; 2 Pkg. Blätterteig,*
> *1 verquirltes Eigelb, Butter*

Füllung zubereiten. Gebutterte Tarte- oder Springform mit leicht ausgerolltem Blätterteig auslegen. Füllen, mit zweitem Blätterteig bedecken, Ränder gut verbinden. Teigoberfläche mit Eigelb bepinseln. In die Mitte der Tarte ein ca. 1 cm großes Loch schneiden. Aus Backpapier eine kleine Rolle formen und als »Rauchfang« hineinstecken (hübsch!) oder Teigdeckel mehrmals einstechen. Tarte im vorgeheizten (180 °C) Ofen 30 Minuten backen.

Steinpilz-Nougat-Pralinen

Steinpilze zum Dessert muss ich nicht unbedingt haben, dafür aber unbedingt Steinpilz-Pralinen zu einem guten Espresso. Die Idee dazu habe ich von einem Video-Food-Blog (»Absolute Lebenslust«) bekommen.

Für 15 Stück
ca. 70 g gute dunkle Schokolade (70 % Kakaoanteil),
ca. 80 g heller Nougat, 8 TL Steinpilzpulver (siehe
S. 29), ruhig inkl. gröberer Fasern (so, wie es aus
meiner handbetriebenen Kaffeemühle herauskommt),
1 Pralinenform aus Silikon

Schokolade und Nougat in zwei getrennte Gefrierbeutel sperren. Beide in eine Schüssel hängen. Kochend heißes Wasser über die Beutel gießen, Schoko und Nougat schmelzen. 6 TL Steinpilzpulver zum flüssigen Nougat geben und von außen am Beutel herumdrücken, damit sich die Steinpilze verteilen. Nougat im Wasser hängen lassen.

Die Pralinenform auf Alufolie stellen. Den dunklen Schoko-Beutel an einer Ecke aufschneiden und Schoko-Tupfen in die Vertiefungen der Form setzen, die Form schwenken, damit die Vertiefungen mit der Schokolade ausgekleidet werden, und dann einmal mit den Vertiefungen nach unten auf die Alufolie stellen. Damit wird man die überflüssige Schokolade los. Wenn es Winter ist (wie bei mir), die Form kurz aufs kalte Fensterbrett stellen, die Schokohülle ist im Nu fest.

Nun den Nougat-Beutel noch einmal durchkneten, ebenfalls eine Ecke abschneiden und die Pralinen füllen. Form auf der Arbeitsfläche aufklopfen, dann gibt's keine Luftblasen. Restliches Steinpilzpulver auf die Nougatmasse bröseln. Wenn die Formen unten flach sind, entfällt der weitere Arbeitsschritt – die Pralinen sehen nun nämlich sehr schön aus. Wieder aufs Fensterbrett mit der Form, 10 Minuten reichen zum Festwerden.

Sind die Pralinen unten rund und stehen nicht, dann verschließen Sie die Pralinen mit dunkler Schokolade (kleiner Tupfen auf jede Praline, Form schwenken). Und nochmal für 10 Minuten in die Kälte. Fertig.

Anleitung zum Genießen: Die herbe dunkle Schokolade im Mund zergehen lassen, dann folgt der ziemlich süße Nougatgeschmack. Nun bleiben kleine körnige Pilz-Stückchen und erzeugen ein sandiges Mundgefühl (mich erinnert es an Ovomaltine-Schokolade). Behalten Sie diese Stückchen einen Augenblick im Mund – es entfaltet sich ein zartes Steinpilzaroma. Und dann ein Schluck Espresso. Perfekt!

LITERATUR

Bächtold-Stäubli, Hanns/Hoffmann-Krayer, Eduard: Handwörterbuch des deutschen Aberglaubens. Berlin 1987

Beier, Marko: Aperitifkultur aus Antwerpen: Der Sparkling Squirrel. http://mixology.eu/drinks/aperitif-sparkling-squirrel/

Cadenbach, Christoph: Guter Stiel. http://sz-magazin. sueddeutsche.de/texte/anzeigen/43732/2/1

Cage, John: Diary: How to Improve the World. New York 2015

Dierbach, Johann Heinrich: Flora apiciana. Ein Beitrag zur näheren Kenntnis der Nahrungsmittel der alten Römer … Heidelberg und Leipzig 1831

Fiege, Eschi: Lovekitchen. Rezepte für 2. Wien 2016

Fischer, Elisabeth/Derndorfer, Eva: Selbstgemacht im Glas. Wien 2016

Freidl, Lisa: Die Wunderwelt der Pilze. http://www.epikurjournal. at/de/ausgabe/detail.asp?id=313&art=Artikel&tit=Die %2520Wunderwelt%2520der%2520Pilze

Fütterer, Martin: Pilze für die Völkerverständigung. http://www. belt-biowelt.de/index.php/aktuelles/11-pilze-fuer-dievoelkerverstaendigung2

Genaust, Helmut: Etymologisches Wörterbuch der botanischen Pflanzennamen. Basel 1983

Gerhardt, Ewald: Pilze. München 2006

Hartberger, Sven: Tricholomopsis rutilans! Über den Zusammenhang zwischen Neuer Musik und Pilzkennerschaft am Beispiel John Cages und anderer. In: Falter 42/12, S. 13

Hillrichs, Hans Helmut: Pilze sammeln. München 2000

Hopson-Münz, Andreas: Römische Küche. Fungi – Pilze – in der Antike http://www.forumtraiani.de/roemische-kueche-fungi-pilze-in-der-antike/

John Cage und die Pilze. Zoom – Musikgeschichte, und was sonst noch geschah. Radiosendung des BR vom 1.9.2012

Kluge, Friedrich: Etymologisches Wörterbuch der deutschen Sprache. Berlin 1924

Kugler, Martin: Symbiose zwischen Pilzen und Bäumen. http:// diepresse.com/home/science/falsifiziert/3811518/Symbiosezwischen-Pilzen-und-Baeumen

Lödl, Martin: Sammeln – ein kulturelles Phänomen. http://austria-forum.org/af/Wissenssammlungen/Essays/Geschichte/Das_Phänomen_Sammeln

Mallet, Jean-François: Larousse – Rezepte aus dem Wald. Hamburg 2016

Meyer, Allison: John Cage: Mushroom Hunter, 4.4.2014 http://hyperallergic.com/118615/john-cage-mushroom-hunter/

Micheli, Pier Antonio: Nova plantarum genera. 1729

Ökotrophologie 2. rhw-Praxiswissen für die Aus- und Weiterbildung. München 2005

Plinius: Naturkunde (Bd. 22). In: Portal der Pflanzen des Mittelalters/Medieval Plant Survey. Redaktion: Helmut W. Klug. Technische Leitung: Roman Weinberger. 2009–2016. http://medieval-plants.org/mps-daten/recipe/pilze-arten-undheilanwendungen-196-205/

Rothstein, Edward: Sounds and Mushrooms. http://www.nytimes.com/1981/11/22/books/sounds-and-mushrooms.html

Siebler, Michael: Der Steinpilz ist der Hirsch unter den Boviden. http://www.faz.net/aktuell/feuilleton/buecher/rezensionsachbuch-der-steinpilz-ist-der-hirsch-unter-den-boviden-11298547.html

Thorisson, Mimi: Das Beste aus meiner französischen Küche. Neustadt an der Weinstraße 2015

Tomsich, Nikolaus (Hg.): Selbstgemacht im Glas. Wien 2016

Wohlleben, Peter: Das geheime Leben der Bäume. München 2015

http://austria.mykodata.net
http://www.passion-pilze-sammeln.com
http://www.sagradelfungodiborgotaro.it
http://www.waldwissen.net
https://de.wikipedia.org/wiki/Kleinblütige_Bergminze

Für die Anregungen aus zahllosen Blogs und PilzliebhaberInnen-Sites war und bin ich unendlich dankbar.

INGE FASAN

ist Autorin und Lektorin (mit Schwerpunkt Kulinarik), lebt in Wien und hält sich gerne im Wald auf. Zuletzt erschien *Quitte* als Band 1 von mandelbaums *kleinen gourmandisen* (2015).

REZEPTVERZEICHNIS

(V) = Variante

mandelbaums *kleine gourmandisen*

Jeweils 60 Seiten | Euro 14,– | Gebunden

APFEL	MELANZANE AUBERGINE
ARTISCHOCKE	MOHN
AVOCADO	MORCHEL
BANANE	ORANGE
BASILIKUM	PASTINAK
BIRNE	PISTAZIE
BUCHWEIZEN	QUITTE
CHILI	RADICCHIO
DATTEL	RHABARBER
ERBSE	ROSMARIN
ERDNUSS	ROTE RÜBE ROTE BETE
FEIGE	SAFRAN
FENCHEL	SALBEI
GRANATAPFEL	SELLERIE
GURKE	SESAM
HASELNUSS	SPARGEL
HEIDELBEERE	SPEIERLING
HIMBEERE	STEINPILZ
HOLUNDER	TAFELTRAUBE
JOHANNISBEERE	TOMATE
KAKAO	THYMIAN
KARFIOL BLUMENKOHL	VANILLE
KAROTTE MÖHRE	WALNUSS
KICHERERBSE	WEICHSEL SAUERKIRSCHE
LAVENDEL	WEIZEN
MANDEL	ZIMT
MANGOLD	ZITRONE
MARILLE APRIKOSE	ZUCCHINI
MARONE ESSKASTANIE	ZWIEBEL